Planteglæde
En Kulinarisk Oplevelse med Planterigets Skatte

Ida Christensen

Copyright 2024

Alle rettigheder forbeholdes

Alle rettigheder forbeholdes. Ingen del af denne bog må gengives eller kopieres i nogen form eller på nogen måde, elektronisk eller mekanisk, herunder fotokopiering, optagelse eller af noget informationslagrings- og genfindingssystem, uden skriftlig tilladelse fra udgiveren. citater i en anmeldelse.

Ansvarsfraskrivelse - Juridisk meddelelse

Oplysningerne i bogen skal være så nøjagtige som muligt. Forfatteren og udgiveren vil ikke være ansvarlig over for nogen for tab eller skade forårsaget direkte eller indirekte af oplysningerne i denne bog.

Indhold

Dampede artiskokker med vin og citron 11

. Ristede gulerødder med krydderurter 13

Nem dampede bønner 15

Dampet grønkål med sesamfrø 17

Vinterstegte grøntsager 20

Traditionel marokkansk tagine 22

kinesisk stegt kål 24

Dampet blomkål med sesam 26

sød gulerodspuré 28

ristede grøntsager 30

Yukon Gold Kartoffelmos 32

Aromatisk ristet mangold 34

Klassisk ristet peberfrugt 36

Rodfrugtpuré 38

. Brændt græskar 40

Ristede cremini svampe 42

Ristede asparges med sesam 44

Græsk auberginegryde 46

keto blomkålsris 48

Nem hvidløgsgrønkål 50

Artiskokker dampet i citron og olivenolie 52

Ristede gulerødder med hvidløg og rosmarin 53

bønner i middelhavsstil 56

Ristede grøntsager 58

. Let stegt kålrabi 60

Blomkål med Tahinisauce 62

Urte- og blomkålsmos 64

Pandestegte svampe med hvidløg og krydderurter 66

stegte asparges 68

Gulerodspuré med ingefær 70

stegte artiskokker i middelhavsstil 72

Dampet kål i thailandsk stil 75

Silkeblød rutabaga puré 77

Cremet dampet spinat 79

Aromatisk ristet kålrabi 81

Klassisk dampet kål 83

Gulerødder stuvet med sesam 85

Ristede gulerødder med tahinisauce 87

Brændt blomkål med krydderurter 89

Cremet broccoli- og rosmarinpuré 92

Let Chard 94

Kål stuvet i vin 96

Bønner og grøntsager 98

kålrabipuré 100

Zucchini ristet med krydderurter 102

kartoffelmos 104

Traditionel indisk Rajma Dal 107

røde bønne salat 109

Anasazi bønner og grøntsagsgryderet 111

Let og varm shakshuka 114

gammel chili 116

Simpel rød linsesalat 119

kikærtesalat i middelhavsstil 121

Toscansk bønnegryderet (Ribollita) 124

Grøntsags- og linse-beluga-blanding 126

Mexicanske kikærtekopper 128

Indiske Dal Makhani 130

Bønnegryde i mexicansk stil 132

Klassisk italiensk minestrone 134

Grønne linser med ristet grønkål 136

Kikærte grøntsagsblanding 138

krydret bønnesauce 140

Sojasalat i kinesisk stil 142

Gammeldags gryderet med linser og grøntsager 145

Indiske Chana Masala 147

rød bønnepostej 149

skål med brune linser 151

Varm og krydret Anasazi bønnesuppe 153

Sortøjet ærtesalat (Ñebbe) 155

Mors berømte chili 157

Cremet kikærtesalat med pinjekerner 159

Buddha skål lavet af sorte bønner 161

Mellemøstlig kikærtegryde 163

Linser og tomatsauce 165

Cremet ærtesalat 167

Mellemøstlig Hummus Za'atar 170

Linsesalat med pinjekerner 172

Varm Anasazi bønnesalat 174

Traditionel Mnazaleh-gryde 176

Rød linsepebercreme 178

Wok-stegte krydrede sneærter 180

hurtig chili hver dag 182

Cremet sort-øjet bønnesalat 185

Avocado fyldt med kikærter 187

sorte bønnesuppe 189

Beluga linsesalat med krydderurter 193

Italiensk bønnesalat 196

Tomat fyldt med hvide bønner 198

Vinter sortøjet ærtesuppe 200

røde bønner 202

Hjemmelavet ærteburger 204

Bagte sorte bønner og spinat 206

hvidløg og koriander sauce 207

klassisk ranchdressing 210

Tahini koriander sauce 212

citron og kokossauce 214

hjemmelavet guacamole 216

Dampede artiskokker med vin og citron

(Lager omkring 35 minutter | 4 portioner)

Per portion: kalorier: 228; Fedt: 15,4 g; kulhydrater: 19,3 g; Protein: 7,2 g

Ingredienserne

1 stor citron, friskpresset

1 ½ pund artiskokker, trimmet, med faste, ukokkede ydre blade

2 spsk finthakkede mynteblade

2 spsk finthakkede korianderblade

2 spsk finthakkede basilikumblade

2 fed hvidløg, finthakket

1/4 kop tør hvidvin

1/4 kop ekstra jomfru olivenolie, plus mere til drypning

Havsalt og friskkværnet sort peber efter smag

Titlerne

Fyld en gryde med vand og tilsæt citronsaft. Læg de vaskede artiskokker i skålen, så de er helt nedsænket.

I en anden lille skål blandes krydderurterne og hvidløget godt. Gnid artiskokkerne med urteblandingen.

Hæld vin og olivenolie i en gryde; tilsæt artiskokkerne i gryden. Skru ned for varmen, og fortsæt med at koge tildækket i cirka 30 minutter, indtil artiskokkerne er møre og sprøde.

Ved servering drysses artiskokken med kogesaften, smages til med salt og sort peber og den er klar til at spise!

. Ristede gulerødder med krydderurter

(Lager omkring 25 minutter | 4 portioner)

Per portion: kalorier: 217; Fedt: 14,4 g; kulhydrater: 22,4 g; Protein: 2,3 g

Ingredienserne

2 pund gulerødder, trimmet og skåret i halve på langs

4 spiseskefulde olivenolie

1 tsk granuleret hvidløg

1 tsk paprika

havsalt og friskkværnet sort peber

2 spsk hakket frisk koriander

2 spsk hakket frisk persille

2 spsk hakket frisk purløg

Titlerne

Forvarm ovnen til 400F.

Smag gulerødderne til med olivenolie, hvidløg, paprika, salt og sort peber. Læg dem i et enkelt lag på en bageplade beklædt med bagepapir.

Bag gulerødderne i den forvarmede ovn i cirka 20 minutter, indtil de er bløde.

Bland gulerødderne med de friske krydderurter og server med det samme. Nyd dit måltid!

Nem dampede bønner

(Lager omkring 15 minutter | 4 portioner)

Per portion: Kalorier: 207; Fedt: 14,5 g; kulhydrater: 16,5 g; Protein: 5,3 g

Ingredienserne

4 spiseskefulde olivenolie

1 gulerod, skåret i skiver

1½ kilo hakkede grønne bønner

4 fed hvidløg, pillede

1 blondine

1½ dl grøntsagsbouillon

Havsalt og kværnet peber efter smag

1 citron skåret i skiver

Titlerne

Varm olivenolien op i en pande ved middel varme. Når de er varme, koges gulerødder og grønne bønner i 5 minutter, mens der røres af og til for at koge jævnt.

Tilsæt hvidløg og laurbærblade og steg videre i endnu et minut eller indtil dufter.

Tilsæt bouillon, salt og sort peber og fortsæt med at simre under låg i 9 minutter, eller indtil de grønne bønner er møre.

Smag til, krydr og server med citronbåde. Nyd dit måltid!

Dampet grønkål med sesamfrø

(Tager cirka 10 minutter | 4 serverer)

Per portion: kalorier: 247; Fedt: 19,9 g; kulhydrater: 13,9 g; Protein: 8,3 g

Ingredienserne

1 kop grøntsagssuppe

1 pund kål, vasket, uden seje stængler, skåret i stykker

4 spiseskefulde olivenolie

6 fed hvidløg, hakket

1 tsk paprika

Kosher salt og friskkværnet sort peber efter smag

4 spsk let ristede sesamfrø

Titlerne

Bring grøntsagsfonden i kog i en gryde; tilsæt grønkålsbladene og bring det i kog. Kog grønkålen indtil den er blød, cirka 5 minutter; reservation

Varm olien op i samme gryde ved middel varme. Når det er varmt, sauter du hvidløget i cirka 30 sekunder, eller indtil det dufter.

Tilsæt den reserverede grønkål, paprika, salt og peber og kog i et par minutter mere, eller indtil det er gennemvarmet.

Pynt med let ristede sesamfrø og server med det samme. Nyd dit måltid!

Vinterstegte grøntsager

(Lager omkring 45 minutter | 4 portioner)

Per portion: Kalorier: 255; Fedt: 14g; kulhydrater: 31 g; Protein: 3 g

Ingredienserne

1/2 pund gulerødder, skåret i 1-tommers stykker

1/2 pund pastinak, skåret i 1-tommers stykker

1/2 pund selleri, skåret i 1-tommers stykker

1/2 pund søde kartofler, skåret i 1-tommers stykker

1 stort løg, skåret i ringe

1/4 kop olivenolie

1 tsk rød peberflager

1 tsk tørret basilikum

1 tsk tørret oregano

1 spsk tørret timian

havsalt og friskkværnet sort peber

Titlerne

Forvarm ovnen til 420F.

Bland grøntsagerne med olivenolie og krydderier. Læg dem på en bageplade beklædt med bagepapir.

Bages i cirka 25 minutter. Bland grøntsagerne og kog i yderligere 20 minutter.

Nyd dit måltid!

Traditionel marokkansk tagine

(Lager omkring 30 minutter | 4 portioner)

Per portion: kalorier: 258; Fedt: 12,2 g; kulhydrater: 31 g; Protein: 8,1 g

Ingredienserne

3 spiseskefulde olivenolie

1 stor skalotteløg, hakket

1 spsk ingefær, skrællet og hakket

4 fed hvidløg, hakket

2 mellemstore gulerødder skåret og finthakket

2 mellemstore peberfrugter, trimmet og hakket fint

2 mellemstore søde kartofler, skrællet og skåret i tern

Havsalt og kværnet peber efter smag

1 tsk varm sauce

1 spiseskefuld bukkehorn

1/2 tsk gurkemeje

1/2 tsk spidskommen

2 store tomater, hakkede

4 kopper grøntsagsbouillon

1 citron skåret i skiver

Titlerne

Varm olivenolien op i en pande ved middel varme. Når de er varme, koges skalotteløg i 4-5 minutter, indtil de er bløde.

Sauter derefter ingefær og hvidløg i cirka 40 sekunder eller indtil dufter.

Tilsæt resten af ingredienserne, undtagen citronen, og bring det i kog. Skru straks varmen til lav.

Kog i cirka 25 minutter eller indtil grøntsagerne er møre. Server med friske citronbåde og nyd!

kinesisk stegt kål

(Lager omkring 10 minutter | 3 portioner)

Per portion: kalorier: 228; Fedt: 20,7 g; kulhydrater: 9,2 g; Protein: 4,4 g

Ingredienserne

3 spiseskefulde sesamolie

1 pund kinakål, skåret i skiver

1/2 tsk kinesisk fem krydderi pulver

Kosher salt efter smag

1/2 tsk Szechuan peber

2 skeer sojasovs

3 spsk let ristede sesamfrø

Titlerne

Varm sesamolien op i en wok til den er gylden. Damp kålen i 5 minutter.

Tilsæt krydderier og sojasovs og fortsæt med at koge under jævnlig omrøring i yderligere 5 minutter, indtil kålen er mør og dufter.

Drys sesamfrø ovenpå og server med det samme.

Dampet blomkål med sesam

(Lager omkring 15 minutter | 4 portioner)

Per portion: kalorier: 217; Fedt: 17g; kulhydrater: 13,2 g; Protein: 7,1 g

Ingredienserne

1 kop grøntsagssuppe

1½ kilo lyserød blomkål

4 spiseskefulde olivenolie

2 purløg, finthakket

4 fed hvidløg, hakket

Havsalt og friskkværnet sort peber efter smag

2 spsk sesamfrø, let ristede

Titlerne

Bring grøntsagsbouillon i kog i en stor gryde; tilsæt derefter blomkålen og kog i ca. 6 minutter, eller indtil gaffelen er mør; reservation

Derefter, indtil olien begynder at varme op; Svits nu løg og hvidløg i cirka 1 minut eller indtil de er bløde og duftende.

Tilsæt det reserverede blomkål, salt og sort peber; fortsæt med at koge i ca. 5 minutter eller indtil den er gennemvarmet

Pynt med sesamfrø og server med det samme. Nyd dit måltid!

sød gulerodspuré

(Lager omkring 25 minutter | 4 portioner)

Per portion: kalorier: 270; Fedt: 14,8 g; kulhydrater: 29,2 g; Protein: 4,5 g

Ingredienserne

1½ kilo hakkede gulerødder

3 spsk vegansk smør

1 kop skalotteløg, skåret i skiver

1 spiseskefuld ahornsirup

1/2 tsk hvidløgspulver

1/2 tsk stødt peber

havsalt efter smag

1/2 kop sojasovs

2 spsk hakket frisk koriander

Titlerne

Kog gulerødderne i cirka 15 minutter, indtil de er meget bløde; tørre godt

Smelt smørret i en gryde til det er gyldent. Varmen er nu reduceret for at opretholde en konstant gnist.

Kog nu løget, indtil det er blødt. Rør ahornsirup, hvidløgspulver, stødt nelliker, salt og sojasauce i 10 minutter eller indtil karamelliseret.

Tilføj karamelliserede løg til foodprocessor; tilsæt gulerødder og puré ingredienser indtil godt kombineret.

Serveres pyntet med frisk koriander. At nyde!

ristede grøntsager

(Lager omkring 15 minutter | 4 portioner)

Per portion: Kalorier: 140; Fedt: 8,8 g; kulhydrater: 13 g; Protein: 4,4 g

Ingredienserne

2 spsk olivenolie

1 hakket løg

2 fed hvidløg, skåret i skiver

1 ½ kilo majroer, vasket og hakket

1/4 kop grøntsagsbouillon

1/4 kop tør hvidvin

1/2 tsk tørret oregano

1 spsk tørret persille

Kosher salt og friskkværnet sort peber efter smag

Titlerne

Varm olivenolien op i en pande ved middel varme.

Svits nu løget i 3-4 minutter eller indtil det er blødt og gennemsigtigt. Tilsæt hvidløg og fortsæt med at koge i yderligere 30 sekunder, indtil dufter.

Tilsæt majroe, bouillon, vin, oregano og persille; fortsæt med at stege i yderligere 6 minutter eller indtil de er helt visne.

Smag til med salt og peber og server varm. Nyd dit måltid!

Yukon Gold Kartoffelmos

(tager ca. 25 minutter | 5 portioner)

Per portion: kalorier: 221; Fedt: 7,9 g; kulhydrater: 34,1 g; Protein: 4,7 g

Ingredienserne

2 pund Yukon Gold kartofler, skrællet og skåret i tern

1 fed hvidløg, knust

Havsalt og rød peberflager efter smag

3 spsk vegansk smør

1/2 kop sojamælk

2 spsk purløg, skåret i skiver

Titlerne

Dæk kartoflerne med en tomme eller to koldt vand. Kog kartoflerne i lidt kogende vand i cirka 20 minutter.

Mos derefter kartoflerne sammen med hvidløg, salt, rød peber, smør og mælk, indtil den ønskede konsistens er opnået.

Server pyntet med frisk purløg. Nyd dit måltid!

Aromatisk ristet mangold

(Lager omkring 15 minutter | 4 portioner)

Per portion: Kalorier: 124; Fedt: 6,7 g; kulhydrater: 11,1 g; Protein: 5 g

Ingredienserne

2 spsk vegansk smør

1 finthakket løg

2 fed hvidløg, skåret i skiver

Havsalt og kværnet peber, til at krydre

1 ½ pund schweizisk chard, skåret i stykker, uden seje stængler

1 kop grøntsagssuppe

1 laurbærblad

1 kvist timian

2 kviste rosmarin

1/2 tsk sennepsfrø

1 tsk selleri frø

Titlerne

Smelt det veganske smør i en stegepande over medium-høj varme.

Steg derefter løget i cirka 3 minutter, eller indtil det er blødt og gennemsigtigt; Svits hvidløg i ca. 1 minut, indtil det dufter.

Tilsæt resten af ingredienserne og bring det i kog; kog, tildækket, i cirka 10 minutter eller indtil alt er mørt. Nyd dit måltid!

Klassisk ristet peberfrugt

(Lager omkring 15 minutter | 2 portioner)

Per portion: Kalorier: 154; Fedt: 13,7 g; kulhydrater: 2,9 g; Protein: 0,5 g

Ingredienserne

3 spiseskefulde olivenolie

4 peberfrugter, udsået og skåret i strimler

2 fed hvidløg, finthakket

Salt og friskkværnet sort peber efter smag.

1 tsk cayennepeber

4 spsk tør hvidvin

2 spsk frisk koriander, hakket

Titlerne

Varm olien op i en pande ved middelhøj varme.

Når de er varme, sauter du peberfrugterne i 4 minutter, eller indtil de er bløde og duftende. Sauter derefter hvidløget i cirka 1 minut, indtil det dufter.

Tilsæt salt, peber og paprika; fortsæt med at stege, tilsæt vinen, i yderligere 6 minutter, indtil den er blød og kogt.

Smag til og juster krydderier. Tilsæt frisk koriander og server. Nyd dit måltid!

Rodfrugtpuré

(tager ca. 25 minutter | 5 portioner)

Per portion: Kalorier: 207; Fedt: 9,5 g; kulhydrater: 29,1 g; Protein: 3 g

Ingredienserne

1 kilo røde kartofler, skrællet og skåret i tern

1/2 pund pastinak, trimmet og skåret i skiver

1/2 pund gulerødder, trimmet og skåret i skiver

4 spsk vegansk smør

1 tsk tørret oregano

1/2 tsk tørret dild

1/2 tsk tørret merian

1 tsk tørret basilikum

Titlerne

Dæk grøntsagerne med vand med 1 tomme. Bring i kog og kog i ca. 25 minutter, indtil de er bløde; flyde ned

Mos grøntsagerne med resten af ingredienserne, tilsæt kogevæsken om nødvendigt.

Server varm og nyd!

. Brændt græskar

(Lager omkring 25 minutter | 4 portioner)

Per portion: kalorier: 247; Fedt: 16,5 g; kulhydrater: 23,8 g; Protein: 4,3 g

Ingredienserne

4 spiseskefulde olivenolie

1/2 tsk stødt spidskommen

1/2 tsk stødt peber

1 ½ kilo græskar, skrællet, udstenet og skåret i skiver

1/4 kop tør hvidvin

2 spsk mørk sojasovs

1 tsk sennepsfrø

1 tsk paprika

Havsalt og kværnet peber efter smag

Titlerne

Forvarm ovnen til 420F. Bland græskarret med resten af ingredienserne.

Grill squashen i 25 minutter, eller indtil den er blød og karamelliseret.

Server varm og nyd!

Ristede cremini svampe

(Tager cirka 10 minutter | 4 serverer)

Per portion: Kalorier: 197; Fedt: 15,5 g; kulhydrater: 8,8 g; Protein: 7,3 g

Ingredienserne

4 spiseskefulde olivenolie

4 spsk hakkede skalotteløg

2 fed hvidløg, finthakket

1½ kilo skivede svampe

1/4 kop tør hvidvin

Havsalt og kværnet peber efter smag

Titlerne

Varm olivenolien op i en pande ved middel varme.

Sauter nu skalotteløgene i 3-4 minutter eller indtil de er bløde og gennemsigtige. Tilsæt hvidløg og fortsæt med at koge i yderligere 30 sekunder, indtil dufter.

Tilsæt Cremini-svampe, vin, salt og sort peber; steg videre i yderligere 6 minutter, indtil svampene er let brunede.

Nyd dit måltid!

Ristede asparges med sesam

(Lager omkring 25 minutter | 4 portioner)

Per portion: kalorier: 215; Fedt: 19,1 g; kulhydrater: 8,8 g; Protein: 5,6 g

Ingredienserne

1½ pund hakkede asparges

4 spsk ekstra jomfru olivenolie

Havsalt og kværnet peber efter smag

1/2 tsk tørret oregano

1/2 tsk tørret basilikum

1 tsk rød peberflager, knust

4 spiseskefulde sesam

2 spsk frisk purløg, hakket

Titlerne

Forvarm ovnen til 400 grader F. Beklæd derefter en bageplade med bagepapir.

Vend asparges med olivenolie, salt, sort peber, oregano, basilikum og rød peberflager. Læg nu aspargesene i et enkelt lag på den forberedte bageplade.

Grill aspargesene i cirka 20 minutter.

Drys sesamfrøene over aspargesene og kog i yderligere 5 minutter, eller indtil aspargesene er sprøde og sesamfrøene er let brunede.

Pynt med frisk purløg og server varm. Nyd dit måltid!

Græsk auberginegryde

(Lager omkring 15 minutter | 4 portioner)

Per portion: kalorier: 195; Fedt: 16,1 g; kulhydrater: 13,4 g; Protein: 2,4 g

Ingredienserne

4 spiseskefulde olivenolie

1½ kilo aubergine, skrællet og skåret i skiver

1 tsk hakket hvidløg

1 knust tomat

Havsalt og kværnet peber efter smag

1 tsk cayennepeber

1/2 tsk tørret oregano

1/4 tsk malede laurbærblade

2 ounce Kalamata oliven, udstenede og skåret i skiver

Titlerne

Varm olien op i en pande ved middelhøj varme.

Kog derefter auberginen i 9 minutter eller indtil den er blød.

Tilsæt resten af ingredienserne, læg låg på og steg videre i yderligere 2-3 minutter eller indtil de er gennemstegte. Serveres varm.

keto blomkålsris

(Lager omkring 10 minutter | 5 portioner)

Per portion: Kalorier: 135; Fedt: 11,5 g; kulhydrater: 7,2 g; Protein: 2,4 g

Ingredienserne

2 mellemstore blomkålshoveder, stilke og blade fjernet

4 spsk ekstra jomfru olivenolie

4 fed hvidløg, presset

1/2 tsk knuste røde peberflager

Havsalt og kværnet peber efter smag

1/4 kop hakket flad persille

Titlerne

Blend blomkålen i en foodprocessor med S-bladet til det bliver "ris".

Varm olivenolien op i en stegepande ved middelhøj varme. Når det koger, kog hvidløg indtil duftende eller omkring 1 minut.

Tilsæt blomkålsris, rød peber, salt og sort peber og svits i yderligere 7-8 minutter.

Smag til, krydr og pynt med frisk persille. Nyd dit måltid!

Nem hvidløgsgrønkål

(Tager cirka 10 minutter | 4 serverer)

Per portion: kalorier: 217; Fedt: 15,4 g; kulhydrater: 16,1 g; Protein: 8,6 g

Ingredienserne

4 spiseskefulde olivenolie

4 fed hvidløg, hakket

1½ pund frisk grønkål, seje stængler og ribben fjernet, skåret i tern

1 kop grøntsagssuppe

1/2 tsk spidskommen frø

1/2 tsk tørret oregano

1/2 tsk paprika

1 tsk løgpulver

Havsalt og kværnet peber efter smag

Titlerne

Varm olivenolien op i en pande ved middel varme. Svits nu hvidløget i cirka 1 minut, eller indtil det dufter.

Tilsæt kålen, tilsæt gradvist grøntsagsfonden; rør for at fremme ensartet madlavning.

Bring varmen i kog, tilsæt krydderierne og kog i 5-6 minutter, indtil kålbladene visner.

Server varm og nyd!

Artiskokker dampet i citron og olivenolie

(Lager omkring 35 minutter | 4 portioner)

Per portion: kalorier: 278; Fedt: 18,2 g; kulhydrater: 27 g; Protein: 7,8 g

Ingredienserne

1½ dl vand

2 friskpressede citroner

2 pund artiskokker, trimmet, yderste blade faste og ikke kvalt

1 håndfuld frisk italiensk persille

2 kviste timian

2 kviste rosmarin

2 laurbærblade

2 fed hvidløg, finthakket

1/3 kop olivenolie

Havsalt og kværnet peber efter smag

1/2 tsk rød peberflager

Titlerne

Fyld en gryde med vand og tilsæt citronsaft. Læg de vaskede artiskokker i skålen, så de er helt nedsænket.

I en anden lille skål blandes krydderurterne og hvidløget godt. Gnid artiskokkerne med urteblandingen.

Kom citronvand og olivenolie i en gryde; tilsæt artiskokkerne i gryden. Skru ned for varmen, og fortsæt med at koge tildækket i cirka 30 minutter, indtil artiskokkerne er møre og sprøde.

Ved servering drysses artiskokkerne med kogesaft, salt, sort peber og rød peberflager. Nyd dit måltid!

Ristede gulerødder med hvidløg og rosmarin

(Lager omkring 25 minutter | 4 portioner)

Per portion: kalorier: 228; Fedt: 14,2 g; kulhydrater: 23,8 g; Protein: 2,8 g

Ingredienserne

2 pund gulerødder, trimmet og skåret i halve på langs

4 spiseskefulde olivenolie

2 spsk champagneeddike

4 fed hvidløg, hakket

2 kviste rosmarin, hakket

Havsalt og kværnet peber efter smag

4 spsk hakkede pinjekerner

Titlerne

Forvarm ovnen til 400F.

Bland gulerødderne med olie, eddike, hvidløg, rosmarin, salt og peber. Læg dem i et enkelt lag på en bageplade beklædt med bagepapir.

Bag gulerødderne i den forvarmede ovn i cirka 20 minutter, indtil de er bløde.

Pynt gulerødderne med pinjekerner og server med det samme. Nyd dit måltid!

bønner i middelhavsstil

(Lager omkring 20 minutter | 4 portioner)

Per portion: kalorier: 159; Fedt: 8,8 g; kulhydrater: 18,8 g; Protein: 4,8 g

Ingredienserne

2 spsk olivenolie

1 rød peberfrugt, frøet og hakket

1½ kilo grønne bønner

4 fed hvidløg, hakket

1/2 tsk sennepsfrø

1/2 tsk fennikelfrø

1 tsk tørret dild

2 tomater, puré

1 kop sellericreme

1 tsk italiensk urteblanding

1 tsk cayennepeber

Salt og friskkværnet sort peber

Titlerne

Varm olivenolien op i en pande ved middel varme. Når det er varmt, koges peberfrugt og grønne bønner i 5 minutter, mens du rører af og til for at koge jævnt.

Tilsæt hvidløg, sennepsfrø, fennikelfrø og dild og steg videre i endnu et minut eller indtil dufter.

Tilsæt tomatpuré, sellericreme, italiensk urteblanding, paprika, salt og sort peber. Dæk til og kog i cirka 9 minutter, eller indtil de grønne bønner er møre.

Smag til, krydr og server varm. Nyd dit måltid!

Ristede grøntsager

(Lager omkring 45 minutter | 4 portioner)

Per portion: Kalorier: 311; Fedt: 14,1 g; kulhydrater: 45,2 g; Protein: 3,9 g

Ingredienserne

1 pund græskar, skrællet og skåret i 1-tommers stykker

4 søde kartofler, skrællet og skåret i 1/2 tomme stykker

1/2 kop gulerødder, skrællet og skåret i 1-tommers stykker

2 mellemstore løg, skåret i ringe

4 spiseskefulde olivenolie

1 tsk granuleret hvidløg

1 tsk paprika

1 spsk tørret rosmarin

1 tsk sennepsfrø

Kosher salt og friskkværnet sort peber efter smag

Titlerne

Forvarm ovnen til 420F.

Bland grøntsagerne med olivenolie og krydderier. Læg dem på en bageplade beklædt med bagepapir.

Bages i cirka 25 minutter. Bland grøntsagerne og kog i yderligere 20 minutter.

Nyd dit måltid!

. Let stegt kålrabi

(Lager omkring 30 minutter | 4 portioner)

Per portion: kalorier: 177; Fedt: 14g; kulhydrater: 10,5 g; Protein: 4,5 g

Ingredienserne

1 pund rutabaga løg, skrællet og skåret i skiver

4 spiseskefulde olivenolie

1/2 tsk sennepsfrø

1 tsk selleri frø

1 spsk tørret merian

1 spsk granuleret hvidløg, hakket

Havsalt og kværnet peber efter smag

2 spiseskefulde ernæringsgær

Titlerne

Forvarm ovnen til 450F.

Vend rutabagaen med olivenolie og krydderier, indtil den er godt dækket. Læg rutabagas i et enkelt lag på en bageplade beklædt med bagepapir.

Bag rutabagas i den forvarmede ovn i cirka 15 minutter; rør rundt og kog i yderligere 15 minutter.

Drys varme rutabagas med gær og server straks. Nyd dit måltid!

Blomkål med Tahinisauce

(Tager cirka 10 minutter | 4 serverer)

Per portion: kalorier: 217; Fedt: 13g; kulhydrater: 20,3 g; Protein: 8,7 g

Ingredienserne

1 glas vand

2 kilo blomkålsbuketter

Havsalt og kværnet peber efter smag

3 skeer sojasovs

5 spiseskefulde tahin

2 fed hvidløg, finthakket

2 spsk citronsaft

Titlerne

Bring vand i kog i en stor gryde; tilsæt derefter blomkålen og kog i ca. 6 minutter, eller indtil gaffelen er mør; afdryp, krydr med salt og peber og bring det i kog.

Bland sojasovs, tahini, hvidløg og citronsaft godt sammen i en skål. Hæld saucen over blomkålen og server.

Nyd dit måltid!

Urte- og blomkålsmos

(Lager omkring 25 minutter | 4 portioner)

Per portion: kalorier: 167; Fedt: 13g; kulhydrater: 11,3 g; Protein: 4,4 g

Ingredienserne

1½ kilo lyserød blomkål

4 spsk vegansk smør

4 fed hvidløg, skåret i skiver

Havsalt og kværnet peber efter smag

1/4 kop sødet havremælk

2 spsk hakket frisk persille

Titlerne

Damp blomkålsbuketterne i 20 minutter; lad afkøle.

Smelt det veganske smør i en stegepande over medium-høj varme; Svits nu hvidløget i cirka 1 minut, eller indtil det dufter.

Tilføj blomkålsbuketter til foodprocessoren, derefter sauterede hvidløg, salt, sort peber og havremælk. Rør indtil alt er godt blandet.

Pynt med friske persilleblade og server varm. Nyd dit måltid!

Pandestegte svampe med hvidløg og krydderurter

(Tager cirka 10 minutter | 4 serverer)

Per portion: Kalorier: 207; Fedt: 15,2g; kulhydrater: 12,7 g; Protein: 9,1 g

Ingredienserne

4 spsk vegansk smør

1 ½ pund østerssvampe, skåret i halve

3 fed hvidløg, hakket

1 tsk tørret oregano

1 spsk tørret rosmarin

1 spsk tørret persille

1 spsk tørret merian

1/2 kop tør hvidvin

Kosher salt og friskkværnet sort peber efter smag

Titlerne

Varm olivenolien op i en pande ved middel varme.

Kog nu svampene i 3 minutter eller indtil væsken slipper. Tilsæt hvidløg og fortsæt med at koge i yderligere 30 sekunder, indtil dufter.

Tilsæt krydderierne og steg videre i yderligere 6 minutter, indtil svampene er let brunede.

Nyd dit måltid!

stegte asparges

(Tager cirka 10 minutter | 4 serverer)

Per portion: kalorier: 142; Fedt: 11,8 g; kulhydrater: 7,7 g; Protein: 5,1 g

Ingredienserne

4 spsk vegansk smør

1½ pund finthakkede asparges

1/2 tsk malede spidskommenfrø

1/4 tsk laurbærblade, stødt

Havsalt og kværnet peber efter smag

1 tsk frisk citron

Titlerne

Smelt det veganske smør i en gryde ved middel varme.

Sauter aspargesene i 3-4 minutter, og rør af og til for at koge jævnt.

Tilsæt spidskommen, laurbærblade, salt og sort peber og fortsæt med at koge aspargesene i yderligere 2 minutter, indtil de er sprøde.

Drys aspargesene med citronsaft og server dem varme. Nyd dit måltid!

Gulerodspuré med ingefær

(Lager omkring 25 minutter | 4 portioner)

Per portion: Kalorier: 187; Fedt: 8,4 g; kulhydrater: 27,1 g; Protein: 3,4 g

Ingredienserne

2 pund gulerødder, skåret i skiver

2 spsk olivenolie

1 spsk stødt spidskommen

Salt, kværnet sort peber efter smag

1/2 tsk cayennepeber

1/2 tsk ingefær, skrællet og hakket

1/2 kop sødmælk

Titlerne

Forvarm ovnen til 400F.

Vend gulerødder med olivenolie, spidskommen, salt, peber og paprika. Læg dem i et enkelt lag på en bageplade beklædt med bagepapir.

Bag gulerødderne i den forvarmede ovn i cirka 20 minutter, indtil de er sprøde.

Tilføj ristede gulerødder, ingefær og mælk til foodprocessor; bland ingredienserne godt.

Nyd dit måltid!

stegte artiskokker i middelhavsstil

(tager ca. 50 minutter | 4 portioner)

Per portion: kalorier: 218; Fedt: 13g; kulhydrater: 21,4 g; Protein: 5,8 g

Ingredienserne

4 artiskokker, trimmet, seje yderste blade og stilke fjernet, halveret

2 friskpressede citroner

4 spsk ekstra jomfru olivenolie

4 fed hvidløg, hakket

1 tsk frisk rosmarin

1 tsk frisk basilikum

1 tsk frisk persille

1 tsk frisk oregano

Havsaltflager og kværnet sort peber efter smag

1 tsk rød peberflager

1 tsk paprika

Titlerne

Forvarm ovnen til 395 grader F. Gnid overfladen af artiskokken med citronsaft.

I en lille skål blandes hvidløg med krydderurter og krydderier.

Læg jordskokkehalvdelene på en bageplade beklædt med bagepapir, klip ned. Beklæd artiskokkerne jævnt med olivenolie. Fyld hulrummene med hvidløgs- og krydderiblandingen.

Bages i cirka 20 minutter. Dæk nu til med aluminiumsfolie og bag i yderligere 30 minutter. Server varm og nyd!

Dampet kål i thailandsk stil

(Tager cirka 10 minutter | 4 serverer)

Per portion: Kalorier: 165; Fedt: 9,3 g; kulhydrater: 16,5 g; Protein: 8,3 g

Ingredienserne

1 glas vand

1 ½ pund grønkål, seje stængler og ribben fjernet, hakket

2 spsk sesamolie

1 tsk frisk hvidløg, presset

1 spsk ingefær, skrællet og hakket

1 hakket thai peber

1/2 tsk gurkemejepulver

1/2 kop kokosmælk

Kosher salt og friskkværnet sort peber efter smag

Titlerne

Bring hurtigt vand i kog i en stor gryde. Tilsæt grønkålen og kog indtil den er gennemsigtig, cirka 3 minutter. Dræn, skyl og tør.

Tør panden af med et køkkenrulle og varm sesamolien op ved middel varme. Når det er varmt, koges hvidløg, ingefær og peber indtil duftende, cirka 1 minut.

Tilsæt grønkål og gurkemejepulver og fortsæt med at koge i endnu et minut, eller indtil det er gennemvarmet.

Tilsæt gradvist kokosmælk, salt og sort peber; fortsæt med at koge, indtil væsken tykner. Smag til, krydr og server varm. Nyd dit måltid!

Silkeblød rutabaga puré

(Lager omkring 30 minutter | 4 portioner)

Per portion: Kalorier: 175; Fedt: 12,8 g; kulhydrater: 12,5 g; Protein: 4,1 g

Ingredienserne

1 ½ pund rutabaga, skrællet og skåret i skiver

4 spsk vegansk smør

Havsalt og friskkværnet sort peber efter smag

1/2 tsk spidskommen frø

1/2 tsk korianderfrø

1/2 kop sojamælk

1 tsk frisk dild

1 tsk frisk persille

Titlerne

Kog rutabagas i kogende saltet vand, indtil de er møre, ca. 30 minutter; flyde ned

Vend rutabagas med vegansk smør, salt, sort peber, spidskommen og korianderfrø.

Bland ingredienserne med en røremaskine, tilsæt mælken lidt efter lidt. Top med frisk dild og persille. Nyd dit måltid!

Cremet dampet spinat

(Lager omkring 15 minutter | 4 portioner)

Per portion: kalorier: 146; Fedt: 7,8 g; kulhydrater: 15,1 g; Protein: 8,3 g

Ingredienserne

2 spsk vegansk smør

1 finthakket løg

1 tsk hakket hvidløg

1½ dl grøntsagsbouillon

2 pund spinat skåret i stykker

Havsalt og kværnet peber efter smag

1/4 tsk tørret dild

1/4 tsk sennepsfrø

1/2 tsk selleri frø

1 tsk cayennepeber

1/2 kop havremælk

Titlerne

Smelt det veganske smør i en stegepande over medium-høj varme.

Sauter derefter løget i 3 minutter eller indtil det er blødt og gennemsigtigt. Sauter derefter hvidløget i cirka 1 minut, indtil det dufter.

Tilsæt bouillon og spinat og bring det i kog.

Skru varmen til lav. Tilsæt krydderierne og kog i yderligere 5 minutter.

Tilsæt mælken og kog i yderligere 5 minutter. Nyd dit måltid!

Aromatisk ristet kålrabi

(Tager cirka 10 minutter | 4 serverer)

Per portion: kalorier: 137; Fedt: 10,3 g; kulhydrater: 10,7 g; Protein: 2,9 g

Ingredienserne

3 spiseskefulde sesamolie

1 ½ pund rutabaga, skrællet og skåret i skiver

1 tsk hakket hvidløg

1/2 tsk tørret basilikum

1/2 tsk tørret oregano

Havsalt og kværnet peber efter smag

Titlerne

Varm sesamolien op i en slip-let pande. Når de er varme, steges rutabagas i 6 minutter.

Tilsæt hvidløg, basilikum, oregano, salt og sort peber. Fortsæt med at koge i yderligere 1-2 minutter.

Serveres varm. Nyd dit måltid!

Klassisk dampet kål

(Lager omkring 20 minutter | 4 portioner)

Per portion: Kalorier: 197; Fedt: 14,3g; kulhydrater: 14,8 g; Protein: 4 g

Ingredienserne

4 spiseskefulde sesamolie

1 hakket skalotteløg

2 fed hvidløg, finthakket

2 laurbærblade

1 kop grøntsagssuppe

1 ½ kilo rødkål, skåret i skiver

1 tsk rød peberflager

Havsalt og sort peber efter smag.

Titlerne

Varm sesamolien op i en gryde ved middel varme. Når de er varme, koges skalotteløg i 3-4 minutter, mens der røres af og til for at koge jævnt.

Tilsæt hvidløg og laurbærblade og steg videre i endnu et minut eller indtil dufter.

Tilsæt bouillon, rød peberflager, salt og sort peber og kog tildækket i 12 minutter eller indtil kålen er mør.

Smag til, krydr og server varm. Nyd dit måltid!

Gulerødder stuvet med sesam

(Tager cirka 10 minutter | 4 serverer)

Per portion: kalorier: 244; Fedt: 16,8 g; kulhydrater: 22,7 g; Protein: 3,4 g

Ingredienserne

1/3 kop grøntsagsbouillon

2 pund gulerødder, skåret i skiver

4 spiseskefulde sesamolie

1 tsk hakket hvidløg

Himalayasalt og friskkværnet sort peber efter smag

1 tsk cayennepeber

2 spsk hakket frisk persille

2 spsk sesam

Titlerne

Bring grøntsagsbouillonen i kog i en stor gryde. Skru varmen til medium-lav. Tilsæt gulerødderne og fortsæt med at koge, tildækket, indtil gulerødderne er møre, cirka 8 minutter.

Varm sesamolie over medium-høj varme; Svits nu hvidløget i 30 sekunder, eller indtil det dufter. Tilsæt salt, peber og paprika.

Rist sesamfrøene i en lille stegepande i 1 minut eller indtil de er gyldne og duftende.

Ved servering pyntes de ristede gulerødder med persille og ristede sesamfrø. Nyd dit måltid!

Ristede gulerødder med tahinisauce

(Lager omkring 25 minutter | 4 portioner)

Per portion: kalorier: 365; Fedt: 23,8 g; kulhydrater: 35,3 g; Protein: 6,1 g

Ingredienserne

2 ½ pund gulerødder, vasket, skyllet og skåret i halve på langs

4 spiseskefulde olivenolie

Havsalt og kværnet peber efter smag

AT ØDELÆGGE:

4 spiseskefulde tahin

1 tsk knust hvidløg

2 spsk hvid eddike

2 skeer sojasovs

1 tsk deli sennep

1 tsk agavesirup

1/2 tsk spidskommen frø

1/2 tsk tørret dild

Titlerne

Forvarm ovnen til 400F.

Smag gulerødderne til med olivenolie, salt og sort peber. Læg dem i et enkelt lag på en bageplade beklædt med bagepapir.

Bag gulerødderne i den forvarmede ovn i cirka 20 minutter, indtil de er sprøde.

Bland imens alle sauceingredienserne godt sammen.

Server gulerødderne med saucen. Nyd dit måltid!

Brændt blomkål med krydderurter

(Lager omkring 30 minutter | 4 portioner)

Per portion: Kalorier: 175; Fedt: 14g; kulhydrater: 10,7 g; Protein: 3,7 g

Ingredienserne

1½ kilo lyserød blomkål

1/4 kop olivenolie

4 hele fed hvidløg

1 spsk frisk basilikum

1 spsk frisk koriander

1 spsk frisk oregano

1 spsk frisk rosmarin

1 spsk frisk persille

Havsalt og kværnet peber efter smag

1 tsk rød peberflager

Titlerne

Forvarm ovnen til 425 grader F. Dryp blomkålen med olivenolie og læg på en bageplade beklædt med bagepapir.

Rist derefter blomkålsbuketter i cirka 20 minutter; bland med hvidløg og krydderier og kog i yderligere 10 minutter.

Serveres varm. Nyd dit måltid!

Cremet broccoli- og rosmarinpuré

(Lager omkring 15 minutter | 4 portioner)

Per portion: Kalorier: 155; Fedt: 9,8 g; kulhydrater: 14,1 g; Protein: 5,7 g

Ingredienserne

1½ kilo broccolibuketter

3 spsk vegansk smør

4 fed hvidløg, hakket

2 kviste frisk rosmarin, blade fjernet og hakket

Havsalt og rød peber efter smag

1/4 kop usødet sojamælk

Titlerne

Damp broccolibukterne i 10 minutter; lad afkøle.

Smelt det veganske smør i en stegepande over medium-høj varme; Sauter nu hvidløg og rosmarin i cirka 1 minut eller indtil dufter.

Tilsæt broccolibuketter til foodprocessoren, derefter den ristede hvidløg/rosmarinblanding, salt, peber og mælk. Rør indtil alt er godt blandet.

Pynt med yderligere friske krydderurter, hvis det ønskes, og server varmt. Nyd dit måltid!

Let Chard

(Lager omkring 15 minutter | 4 portioner)

Per portion: Kalorier: 169; Fedt: 11,1 g; kulhydrater: 14,9 g; Protein: 6,3 g

Ingredienserne

3 spiseskefulde olivenolie

1 skalotteløg, skåret i tynde skiver

1 rød peberfrugt, frøet og hakket

4 fed hvidløg, hakket

1 kop grøntsagssuppe

2 kilo chard, uden hårde stængler, skåret i stykker

Havsalt og kværnet peber efter smag

Titlerne

Varm olivenolien op i en stegepande ved middelhøj varme.

Sauter derefter skalotteløg og peberfrugt i 3 minutter eller indtil de er bløde. Sauter derefter hvidløget i cirka 1 minut, indtil det dufter.

Tilsæt bouillon og mangold og bring det i kog. Reducer varmen til lav og kog i yderligere 10 minutter.

Smag til med salt og peber og server varm. Nyd dit måltid!

Kål stuvet i vin

(Tager cirka 10 minutter | 4 serverer)

Per portion: kalorier: 205; Fedt: 11,8 g; kulhydrater: 17,3 g; Protein: 7,6 g

Ingredienserne

1/2 kop vand

1½ kilo grønkål

3 spiseskefulde olivenolie

4 spsk hakket purløg

4 fed hvidløg, hakket

1/2 kop tør hvidvin

1/2 tsk sennepsfrø

Kosher salt og friskkværnet sort peber efter smag

Titlerne

Kog vand i en stor gryde. Tilsæt grønkålen og kog indtil den er gennemsigtig, cirka 3 minutter. Dræn og tryk for at tørre.

Tør panden af med køkkenrulle og varm olivenolien op ved middel varme. Når det er varmt, koges purløg og hvidløg, indtil det dufter, cirka 2 minutter.

Tilsæt kål, sennepsfrø, salt, vin fortyndet med peber; fortsæt med at koge, tildækket, i yderligere 5 minutter eller indtil det er gennemvarmet.

Fordel i individuelle glas og server varm. Nyd dit måltid!

Bønner og grøntsager

(Tager cirka 10 minutter | 4 serverer)

Per portion: Kalorier: 197; Fedt: 14,5 g; kulhydrater: 14,4 g; Protein: 5,4 g

Ingredienserne

1½ dl grøntsagsbouillon

1 roma tomat, puré

1½ kilo hakkede grønne bønner

4 spiseskefulde olivenolie

2 fed hvidløg, finthakket

1/2 tsk rød peber

1/2 tsk spidskommen frø

1/2 tsk tørret oregano

Havsalt og friskkværnet sort peber efter smag

1 spsk frisk citronsaft

Titlerne

Bring grøntsagssuppen og tomatpuréen i kog. Tilsæt Haricots Verts og kog i ca. 5 minutter, indtil Haricots Verts er møre; reservation

Varm olivenolien i en stegepande over medium-høj varme; Svits hvidløg i 1 minut eller indtil dufter.

Tilføj krydderier og reserverede grønne bønner; kog i cirka 3 minutter, indtil de er bløde.

Server med et par dråber frisk citronsaft. Nyd dit måltid!

kålrabipuré

(Lager omkring 35 minutter | 4 portioner)

Per portion: Kalorier: 187; Fedt: 13,6 g; kulhydrater: 14 g; Protein: 3,6 g

Ingredienserne

2 kopper vand

1 ½ kilo majroer, skrællet og skåret i små stykker

4 spsk vegansk smør

1 kop havremælk

2 kviste frisk rosmarin, hakket

1 spsk hakket frisk persille

1 spiseskefuld ingefær-hvidløgspasta

Kosher salt og friskkværnet sort peber

1 tsk rød peberflager, knust

Titlerne

Kog vandet; Sæt ilden i brand og kog majroerne i cirka 30 minutter; flyde ned

Brug en blender til at purere kålrabi med vegansk smør, mælk, rosmarin, persille, ingefær-hvidløgspasta, salt, sort peber, rød peberflager, tilsæt kogevæske om nødvendigt.

Nyd dit måltid!

Zucchini ristet med krydderurter

(Tager cirka 10 minutter | 4 serverer)

Per portion: Kalorier: 99; Fedt: 7,4 g; kulhydrater: 6 g; Protein: 4,3 g

Ingredienserne

2 spsk olivenolie

1 hakket løg

2 fed hvidløg, finthakket

1 ½ kilo skåret zucchini

Havsalt og friskkværnet sort peber efter smag

1 tsk cayennepeber

1/2 tsk tørret basilikum

1/2 tsk tørret oregano

1/2 tsk tørret rosmarin

Titlerne

Varm olivenolien op i en stegepande ved middelhøj varme.

Når det er varmt, steges løget i 3 minutter eller indtil det er blødt. Sauter derefter hvidløget i cirka 1 minut, indtil det dufter.

Tilsæt zucchinien sammen med krydderierne og steg videre i yderligere 6 minutter, indtil de er bløde.

Smag til og juster krydderier. Nyd dit måltid!

kartoffelmos

(Lager omkring 20 minutter | 4 portioner)

Per portion: kalorier: 338; Fedt: 6,9 g; kulhydrater: 68 g; Protein: 3,7 g

Ingredienserne

1½ kilo søde kartofler, skrællet og skåret i tern

2 spsk vegansk smør, smeltet

1/2 kop agavesirup

1 spsk græskartærtekrydderi

En knivspids havsalt

1/2 kop kokosmælk

Titlerne

Dæk de søde kartofler med en tomme eller to koldt vand. Kog de søde kartofler i let kogende vand i ca. 20 minutter; tørre godt

Tilføj de søde kartofler til skålen i en foodprocessor; tilsæt vegansk smør, agavesirup, græskartærtekrydderi og salt.

Fortsæt med at purere, og tilsæt gradvist mælk, indtil alt er godt blandet. Nyd dit måltid!

Traditionel indisk Rajma Dal

(Lager omkring 20 minutter | 4 portioner)

Per portion: kalorier: 269; Fedt: 15,2g; kulhydrater: 22,9 g; Protein: 7,2 g

Ingredienserne

3 spiseskefulde sesamolie

1 spsk malet ingefær

1 tsk spidskommen frø

1 spsk korianderfrø

1 stort løg finthakket

1 finthakket selleri

1 tsk hakket hvidløg

1 kop tomatsauce

1 tsk garam masala

1/2 tsk karrypulver

1 lille kanelstang

1 grøn peberfrugt, frøet og hakket

2 kopper dåsebønner, drænet

2 kopper grøntsagsbouillon

Kosher salt og friskkværnet sort peber efter smag

Titlerne

Opvarm sesamolien i en stegepande over medium-høj varme; Svits nu ingefær, spidskommen og korianderfrø, indtil de dufter, eller cirka 30 sekunder.

Tilsæt løg og selleri og steg i yderligere 3 minutter, indtil det er blødt.

Tilsæt hvidløg og steg i yderligere 1 minut.

Bland resten af ingredienserne i gryden og sæt på en langsom ild. Fortsæt med at lave mad i 10 til 12 minutter eller indtil gennemstegt. Server varm og nyd!

røde bønne salat

(Tilberedning på ca. 1 time + afkølingstid | 6 servere)

Per portion: kalorier: 443; Fedt: 19,2g; kulhydrater: 52,2 g; Protein: 18,1 g

Ingredienserne

3/4 kilo bønner, udblødt natten over

2 peberfrugter, hakket

1 gulerod skåret og revet

3 ounce frosne eller dåse majskerner, drænet

3 spsk hakket purløg

2 fed hvidløg, finthakket

1 rød peberfrugt, skåret i skiver

1/2 kop ekstra jomfru olivenolie

2 spiseskefulde æblecidereddike

2 spsk frisk citron

Havsalt og kværnet peber efter smag

2 spsk hakket frisk koriander

2 spsk hakket frisk persille

2 spsk hakket frisk basilikum

Titlerne

Hæld koldt vand over de udblødte bønner og bring det i kog. Lad det koge i cirka 10 minutter. Reducer varmen og fortsæt med at koge i 50-55 minutter eller indtil de er møre.

Lad bønnerne køle helt af og kom dem over i en salatskål.

Tilsæt resten af ingredienserne og bland godt. Nyd dit måltid!

Anasazi bønner og grøntsagsgryderet

(Gør omkring 1 time | serverer 3)

Per portion: Kalorier: 444; Fedt: 15,8 g; kulhydrater: 58,2 g; Protein: 20,2 g

Ingredienserne

1 kop Anasazi bønner, udblødt natten over og drænet

3 kopper ristet grøntsagssuppe

1 blondine

1 kvist timian, hakket

1 kvist rosmarin, hakket

3 spiseskefulde olivenolie

1 stort løg finthakket

2 stilke selleri, hakket

2 gulerødder, finthakkede

2 peberfrugter, frøet og hakket

1 grøn peberfrugt, frøet og hakket

2 fed hvidløg, finthakket

Havsalt og kværnet peber efter smag

1 tsk cayennepeber

1 tsk paprika

Titlerne

Bring Anasazi bønnerne og bouillonen i kog i en gryde. Når det koger, reducer du varmen til et simre. Tilsæt laurbærblade, timian og rosmarin; lad det koge i cirka 50 minutter eller indtil det er blødt.

Varm imens olivenolien op i en stegepande ved middelhøj varme. Svits nu løg, selleri, gulerod og peber i 4 minutter, indtil de er bløde.

Tilsæt hvidløg og steg videre i yderligere 30 sekunder, indtil det dufter.

Rør den ristede blanding i de kogte bønner. Smag til med salt, peber, paprika og paprika.

Fortsæt med at koge ved lav varme, under omrøring af og til, i yderligere 10 minutter, eller indtil alt er kogt. Nyd dit måltid!

Let og varm shakshuka

(tager ca. 50 minutter | 4 portioner)

Per portion: kalorier: 324; Fedt: 11,2 g; kulhydrater: 42,2 g; Protein: 15,8 g

Ingredienserne

2 spsk olivenolie

1 finthakket løg

2 peberfrugter, hakket

1 poblano peber, hakket

2 fed hvidløg, finthakket

2 tomater, puré

Havsalt og sort peber efter smag.

1 tsk tørret basilikum

1 tsk rød peberflager

1 tsk paprika

2 laurbærblade

1 kop kikærter, udblødt natten over, skyllet og drænet

3 kopper grøntsagssuppe

2 spsk frisk koriander, hakket

Titlerne

Varm olivenolien op i en pande ved middel varme. Når det er varmt, koges løg, peber og hvidløg, indtil det er blødt og duftende, cirka 4 minutter.

Tilsæt tomater, tomatpure, havsalt, sort peber, basilikum, rød peber, paprika og laurbærblade.

Bring i kog og tilsæt kikærter og grøntsagsbouillon. Bages i 45 minutter eller indtil de er møre.

Smag til og juster krydderier. Hæld shakshukaen i individuelle skåle og server pyntet med frisk koriander. Nyd dit måltid!

gammel chili

(Tilberedes på cirka 1 time og 30 minutter | Serverer 4)

Per portion: Kalorier: 514; Fedt: 16,4 g; kulhydrater: 72 g; Protein: 25,8 g

Ingredienserne

3/4 kilo bønner, udblødt natten over

2 spsk olivenolie

1 finthakket løg

2 peberfrugter, hakket

1 finthakket rød chili

2 ribben hakket selleri

2 fed hvidløg, finthakket

2 laurbærblade

1 spsk stødt spidskommen

1 tsk finthakket timian

1 tsk sort peber

20 oz knuste tomater

2 kopper grøntsagsbouillon

1 tsk røget paprika

havsalt efter smag

2 spsk hakket frisk koriander

1 avocado, skrællet, skrællet og skåret i skiver

Titlerne

Hæld koldt vand over de udblødte bønner og bring det i kog. Lad det koge i cirka 10 minutter. Reducer varmen og fortsæt med at koge i 50-55 minutter eller indtil de er møre.

Varm olivenolien op i en tykbundet pande ved middel varme. Når det er varmt, svits løg, peber og selleri.

Svits hvidløg, laurbærblade, spidskommen, timian og sort peber i cirka 1 minut.

Tilsæt de hakkede tomater, grøntsagsfond, paprika, salt og kogte bønner. Kog, under omrøring af og til, i 25-30 minutter eller indtil gennemstegt.

Serveres pyntet med frisk koriander og avocado. Nyd dit måltid!

Simpel rød linsesalat

(Ca. 20 minutter + afkølingstid | 3 portioner)

Per portion: Kalorier: 295; Fedt: 18,8 g; kulhydrater: 25,2 g; Protein: 8,5 g

Ingredienserne

1/2 kop røde linser, udblødt natten over og drænet

1½ dl vand

1 kvist rosmarin

1 laurbærblad

1 kop druetomater, skåret i halve

1 agurk, skåret i tynde skiver

1 peberfrugt, skåret i tynde skiver

1 hakket hvidløg

1 løg, finthakket

2 spsk frisk citron

4 spiseskefulde olivenolie

Havsalt og kværnet peber efter smag

Titlerne

Kom de røde linser, vand, rosmarin og laurbærblad i en gryde og bring det i kog ved høj varme. Fjern derefter fra varmen og kog i yderligere 20 minutter eller indtil de er møre.

Læg linserne i en salatskål og lad dem køle helt af.

Tilsæt resten af ingredienserne og bland godt. Serveres ved stuetemperatur eller koldt.

Nyd dit måltid!

kikærtesalat i middelhavsstil

(Tilberedning på ca. 40 minutter + afkølingstid | 4 portioner)

Per portion: kalorier: 468; Fedt: 12,5 g; kulhydrater: 73 g; Protein: 21,8 g

Ingredienserne

2 kopper kikærter, udblødt natten over og drænet

1 persisk agurk, skåret i skiver

1 kop cherrytomater, skåret i halve

1 rød peberfrugt, frøet og skåret i skiver

1 grøn peberfrugt, frøet og skåret i skiver

1 tsk deli sennep

1 spsk korianderfrø

1 tsk jalapeñopeber, hakket

1 spsk frisk citronsaft

1 spsk balsamicoeddike

1/4 kop ekstra jomfru olivenolie

Havsalt og kværnet peber efter smag

2 spsk hakket frisk koriander

2 spsk Kalamata oliven, finthakket og skåret i skiver

Titlerne

Kom kikærterne i en gryde; dæk kikærter med vand med 2 inches. Lad det koge.

Sænk straks varmen og fortsæt med at koge i cirka 40 minutter eller indtil de er møre.

Overfør kikærterne til en salatskål. Tilsæt resten af ingredienserne og bland godt. Nyd dit måltid!

Toscansk bønnegryderet (Ribollita)

(tager ca. 25 minutter | 5 portioner)

Per portion: kalorier: 388; Fedt: 10,3 g; kulhydrater: 57,3 g; Protein: 19,5 g

Ingredienserne

3 spiseskefulde olivenolie

1 mellemstor porre, finthakket

1 bladselleri, finthakket

1 zucchini, skåret i skiver

1 skive italiensk peber

3 fed hvidløg, hakket

2 laurbærblade

Kosher salt og friskkværnet sort peber efter smag

1 tsk cayennepeber

1 dåse (28 ounce) tomater, knuste

2 kopper grøntsagsbouillon

2 (15-ounce) dåser favabønner, drænet

2 kopper Lacinato-grønkål i tern

1 kop crostini

Titlerne

Varm olivenolien op i en tykbundet pande ved middel varme. Når det koger, sauter du porre, selleri, zucchini og peber i 4 minutter.

Svits hvidløg og laurbærblade i cirka 1 minut.

Tilsæt krydderier, tomater, bouillon og dåsebønner. Lad koge under omrøring af og til i cirka 15 minutter eller indtil kogt.

Tilsæt Lacinato-kålen og fortsæt med at koge ved svag varme, mens du rører i lejligheden, i 4 minutter.

Server pyntet med crostini. Nyd dit måltid!

Grøntsags- og linse-beluga-blanding

(tager ca. 25 minutter | 5 portioner)

Per portion: kalorier: 382; Fedt: 9,3 g; kulhydrater: 59 g; Protein: 17,2 g

Ingredienserne

3 spiseskefulde olivenolie

1 finthakket løg

2 peberfrugter, frøet og hakket

1 gulerod, skåret og finthakket

1 peberfrugt, hakket og skåret i skiver

1 spsk malet ingefær

2 fed hvidløg, finthakket

Havsalt og kværnet peber efter smag

1 stor zucchini i tern

1 kop tomatsauce

1 kop grøntsagssuppe

1½ dl hvidløgslinser, udblødt natten over og drænet

2 kopper chard

Titlerne

Opvarm olivenolie i en hollandsk ovn, indtil den er sydende. Svits nu løg, peber, gulerod og pastinak, indtil det er blødt.

Tilsæt ingefær og hvidløg og steg videre i yderligere 30 sekunder.

Tilsæt nu salt, peber, zucchini, tomatsauce, grøntsagsfond og linser; Kog i 20 minutter, indtil alt er kogt.

tilføjelse af chard; dæk til og kog i yderligere 5 minutter. Nyd dit måltid!

Mexicanske kikærtekopper

(Lager omkring 15 minutter | 4 portioner)

Per portion: Kalorier: 409; Fedt: 13,5 g; kulhydrater: 61,3 g; Protein: 13,8 g

Ingredienserne

2 spsk sesamolie

1 finthakket rødløg

1 habanero peber, hakket

2 fed hvidløg, hakket

2 peberfrugter, frøet og hakket

Havsalt og kværnet sort peber

1/2 tsk mexicansk oregano

1 spsk stødt spidskommen

2 modne tomater, puré

1 tsk brun farin

16 ounce dåse kikærter, drænet

4 (8-tommer) mel tortillas

2 spsk frisk koriander, hakket

Titlerne

Opvarm sesamolien i en stor gryde ved middel varme. Svits derefter løget i 2-3 minutter eller indtil det er blødt.

Tilsæt peberfrugt og hvidløg og steg 1 minut mere eller indtil duftende.

Tilsæt krydderier, tomater og farin og bring det i kog. Skru straks til lav varme, tilsæt dåsekikærter og kog i yderligere 8 minutter eller indtil de er gennemvarme.

Rist tortillaerne og kom dem sammen med den tilberedte kikærteblanding.

Tilsæt frisk koriander og server med det samme. Nyd dit måltid!

Indiske Dal Makhani

(Lager omkring 20 minutter | 6 portioner)

Per portion: kalorier: 329; Fedt: 8,5 g; kulhydrater: 44,1 g; Protein: 16,8 g

Ingredienserne

3 spiseskefulde sesamolie

1 stort løg finthakket

1 peberfrugt, frøet og hakket

2 fed hvidløg, finthakket

1 spsk revet ingefær

2 grønne peberfrugter, udsået og hakket

1 tsk spidskommen frø

1 blondine

1 tsk gurkemejepulver

1/4 tsk rød peber

1/4 tsk stødt peber

1/2 tsk garam masala

1 kop tomatsauce

4 kopper grøntsagsbouillon

1½ dl sorte linser, udblødt natten over og drænet

4-5 karryblade, til pynt

Titlerne

Opvarm sesamolien i en stegepande over medium-høj varme; Svits nu løg og peber i yderligere 3 minutter, indtil det er blødt.

Tilsæt hvidløg, ingefær, grønne chili, spidskommen og laurbærblade; fortsæt med at koge under konstant omrøring, 1 minut eller indtil dufter.

Tilsæt resten af ingredienserne undtagen karrybladene. Lad os nu koge ilden. Fortsæt med at lave mad i yderligere 15 minutter, eller indtil det er helt gennemstegt.

Pynt med karryblade og server varm!

Bønnegryde i mexicansk stil

(Tilberedning på ca. 1 time + afkølingstid | 6 servere)

Per portion: kalorier: 465; Fedt: 17,9 g; kulhydrater: 60,4 g; Protein: 20,2 g

Ingredienserne

1 pund sortøjede ærter, udblødt natten over og drænet

1 kop majs på dåse, drænet

2 ristede peberfrugter, skåret i skiver

1 peberfrugt, hakket

1 kop cherrytomater, skåret i halve

1 finthakket rødløg

1/4 kop frisk koriander, hakket

1/4 kop hakket frisk persille

1 spsk mexicansk oregano

1/4 kop rødvinseddike

2 spsk frisk citron

1/3 kop ekstra jomfru olivenolie

Havsalt og malet sort salt efter smag

1 avocado, skrællet, blancheret og skåret i skiver

Titlerne

Hæld koldt vand over de udblødte bønner og bring det i kog. Lad det koge i cirka 10 minutter. Reducer varmen og fortsæt med at koge i 50-55 minutter eller indtil de er møre.

Lad bønnerne køle helt af og kom dem over i en salatskål.

Tilsæt resten af ingredienserne og bland godt. Server ved stuetemperatur.

Nyd dit måltid!

Klassisk italiensk minestrone

(Tilberedelse på ca. 30 minutter | 5 portioner)

Per portion: Kalorier: 305; Fedt: 8,6 g; kulhydrater: 45,1 g; Protein: 14,2 g

Ingredienserne

2 spsk olivenolie

1 stort løg, skåret i skiver

2 snittede gulerødder

4 fed hvidløg, hakket

1 kop albuepasta

5 kopper grøntsagssuppe

1 dåse (15 ounce) hvide kidneybønner, drænet

1 stor zucchini i tern

1 dåse (28 ounce) tomater, knuste

1 spsk friske oreganoblade, hakket

1 spsk friske basilikumblade, hakket

1 spsk frisk italiensk persille, hakket

Titlerne

Opvarm olivenolie i en hollandsk ovn, indtil den er sydende. Kog nu løg og gulerod indtil de er bløde.

Tilsæt hvidløg, rå pasta og bouillon; kog i cirka 15 minutter.

Tilsæt bønner, zucchini, tomater og krydderurter. Fortsæt med at koge, tildækket, i cirka 10 minutter, indtil alt er mørt.

Pynt med yderligere krydderurter, hvis det ønskes. Nyd dit måltid!

Grønne linser med ristet grønkål

(Tilberedelse på ca. 30 minutter | 5 portioner)

Per portion: kalorier: 415; Fedt: 6,6 g; kulhydrater: 71 g; Protein: 18,4 g

Ingredienserne

2 spsk olivenolie

1 finthakket løg

2 søde kartofler, skrællet og skåret i tern

1 peberfrugt, hakket

2 gulerødder, finthakkede

1 peberfrugt, hakket

1 finthakket selleri

2 fed hvidløg

1½ dl grønne linser

1 spsk italiensk urteblanding

1 kop tomatsauce

5 kopper grøntsagssuppe

1 kop frosne majs

1 kop grønt, i tern

Titlerne

Opvarm olivenolie i en hollandsk ovn, indtil den er sydende. Kog nu løg, sød kartoffel, peber, gulerod, majroer og selleri, indtil det er blødt.

Tilsæt hvidløg og steg videre i yderligere 30 sekunder.

Tilsæt nu de grønne linser, italiensk urteblanding, tomatsauce og grøntsagsfond; Kog i 20 minutter, indtil alt er kogt.

Tilføj frosne majs og krydderurter; dæk til og kog i yderligere 5 minutter. Nyd dit måltid!

Kikærte grøntsagsblanding

(Lager omkring 30 minutter | 4 portioner)

Per portion: Kalorier: 369; Fedt: 18,1 g; kulhydrater: 43,5 g; Protein: 13,2 g

Ingredienserne

2 spsk olivenolie

1 finthakket løg

1 peberfrugt, hakket

1 fennikelløg, hakket

3 fed hvidløg, hakket

2 modne tomater, puré

2 spsk hakket frisk persille

2 spsk frisk basilikum, hakket

2 spsk frisk koriander, hakket

2 kopper grøntsagsbouillon

14 ounce dåse kikærter, drænet

Kosher salt og friskkværnet sort peber efter smag

1/2 tsk cayennepeber

1 tsk paprika

1 avocado, skrællet og skåret i skiver

Titlerne

Varm olivenolien op i en tykbundet pande ved middel varme. Efter kogning svitser du løg, peber og fennikel i cirka 4 minutter.

Steg hvidløget i cirka 1 minut, eller indtil det dufter.

Tilsæt tomater, friske krydderurter, bouillon, kikærter, salt, peber, paprika og paprika. Lad koge under omrøring af og til i cirka 20 minutter eller indtil kogt.

Smag til og juster krydderier. Serveres pyntet med friske avocadoskiver. Nyd dit måltid!

krydret bønnesauce

(Tager cirka 30 minutter | serverer 10)

Per portion: Kalorier: 175; Fedt: 4,7 g; kulhydrater: 24,9 g; Protein: 8,8 g

Ingredienserne

2 (15-ounce) dåser favabønner, drænet

2 spsk olivenolie

2 spsk Sriracha sauce

2 spiseskefulde ernæringsgær

4 ounce vegansk flødeost

1/2 tsk paprika

1/2 tsk cayennepeber

1/2 tsk stødt spidskommen

Havsalt og kværnet peber efter smag

4 ounce tortillachips

Titlerne

Forvarm ovnen til 360F.

Forbered alle ingredienser undtagen tortillas i en foodprocessor til den ønskede konsistens.

Bag saucen i den forvarmede ovn i 25 minutter eller indtil den er gennemvarmet.

Server med tortillachips og nyd!

Sojasalat i kinesisk stil

(Tager cirka 10 minutter | 4 serverer)

Per portion: Kalorier: 265; Fedt: 13,7 g; kulhydrater: 21 g; Protein: 18 g

Ingredienserne

1 dåse (15 ounce) sojabønner, drænet

1 kop rucola

1 kop babyspinat

1 kop grønkål, hakket

1 løg, finthakket

1/2 tsk hakket hvidløg

1 spsk malet ingefær

1/2 tsk deli sennep

2 skeer sojasovs

1 spsk riseddike

1 spsk citronsaft

2 spiseskefulde tahin

1 tsk agavesirup

Titlerne

Læg sojabønner, rucola, spinat, kål og løg i en salatskål; blande.

Bland resten af saucens ingredienser i en lille skål.

Krydr salaten og server med det samme. Nyd dit måltid!

Gammeldags gryderet med linser og grøntsager

(tager ca. 25 minutter | 5 portioner)

Per portion: kalorier: 475; Fedt: 17,3 g; kulhydrater: 61,4 g; Protein: 23,7 g

Ingredienserne

3 spiseskefulde olivenolie

1 stort løg finthakket

1 finthakket gulerod

1 peberfrugt, skåret i skiver

1 habanero peber, hakket

3 fed hvidløg, hakket

Kosher salt og sort peber efter smag

1 spsk stødt spidskommen

1 tsk røget paprika

1 dåse (28 ounce) tomater, knuste

2 spsk tomatsauce

4 kopper grøntsagsbouillon

3/4 pund tørre røde linser, udblødt natten over og drænet

1 skive avocado

Titlerne

Varm olivenolien op i en tykbundet pande ved middel varme. Når det koger, svitser du løg, gulerod og peber i cirka 4 minutter.

Svits hvidløget i cirka 1 minut.

Tilsæt krydderier, tomat, tomatsauce, bouillon og linser. Lad koge under omrøring af og til i cirka 20 minutter eller indtil kogt.

Serveres pyntet med avocadoskiver. Nyd dit måltid!

Indiske Chana Masala

(Lager omkring 15 minutter | 4 portioner)

Per portion: Kalorier: 305; Fedt: 17,1 g; kulhydrater: 30,1 g; Protein: 9,4 g

Ingredienserne

1 kop tomater, puré

1 kashmiri peber, hakket

1 stor skalotteløg, hakket

1 spsk frisk ingefær, skrællet og revet

4 spiseskefulde olivenolie

2 fed hvidløg, finthakket

1 spsk korianderfrø

1 tsk garam masala

1/2 tsk gurkemejepulver

Havsalt og kværnet peber efter smag

1/2 kop grøntsagsfond

16 ounce dåse kikærter

1 spsk frisk citronsaft

Titlerne

I en blender eller foodprocessor blendes tomater, Kashmiri peberfrugter, spidskål og ingefær, indtil de er glatte.

Varm olivenolien op i en pande ved middel varme. Når den er varm, koges den tilberedte pasta og hvidløg i 2 minutter.

Tilsæt de resterende krydderier, bouillon og kikærter. Skru varmen til lav. Kog i yderligere 8 minutter eller indtil gennemstegt.

Fjern fra varmen. Dryp frisk citronsaft over hver skive. Nyd dit måltid!

rød bønnepostej

(Tager omkring 10 minutter | 8 værdier)

Per portion: Kalorier: 135; Fedt: 12,1 g; kulhydrater: 4,4 g; Protein: 1,6 g

Ingredienserne

2 spsk olivenolie

1 finthakket løg

1 peberfrugt, hakket

2 fed hvidløg, finthakket

Kog og afdryp 2 kopper sorte ærter

1/4 kop olivenolie

1 tsk stenkværnet sennep

2 spsk hakket frisk persille

2 spsk hakket frisk basilikum

Havsalt og kværnet peber efter smag

Titlerne

Varm olivenolien op i en stegepande ved middelhøj varme. Kog nu løg, peber og hvidløg, indtil det er blødt eller cirka 3 minutter.

Tilføj braiserende blanding til blenderen; tilsæt resten af ingredienserne. Blend ingredienserne i en blender eller foodprocessor til det er glat og cremet.

Nyd dit måltid!

skål med brune linser

(Tilberedning på ca. 20 minutter + afkølingstid | 4 portioner)

Per portion: Kalorier: 452; Fedt: 16,6 g; kulhydrater: 61,7 g; Protein: 16,4 g

Ingredienserne

1 kop brune linser, udblødt natten over og drænet

3 kopper vand

2 kopper kogte brune ris

1 zucchini, skåret i skiver

1 finthakket rødløg

1 tsk hakket hvidløg

1 skåret agurk

1 peberfrugt, skåret i skiver

4 spiseskefulde olivenolie

1 spsk riseddike

2 spsk citronsaft

2 skeer sojasovs

1/2 tsk tørret oregano

1/2 tsk stødt spidskommen

Havsalt og kværnet peber efter smag

2 kopper rucola

2 kopper romainesalat, skåret i tern

Titlerne

Kom de brune linser og vand i en gryde og bring det i kog ved høj varme. Fjern derefter fra varmen og kog i yderligere 20 minutter eller indtil de er møre.

Læg linserne i en salatskål og lad dem køle helt af.

Tilsæt resten af ingredienserne og bland godt. Serveres ved stuetemperatur eller koldt. Nyd dit måltid!

Varm og krydret Anasazi bønnesuppe

(Tilberedes på cirka 1 time og 10 minutter | Serverer 5)

Per portion: kalorier: 352; Fedt: 8,5 g; kulhydrater: 50,1 g; Protein: 19,7 g

Ingredienserne

Læg 2 kopper Anasazi bønner i blød natten over, dræn og skyl

8 glas vand

2 laurbærblade

3 spiseskefulde olivenolie

2 mellemstore løg, finthakket

2 peberfrugter, hakket

1 habanero peber, hakket

3 fed hvidløg, presset eller hakket

Havsalt og kværnet peber efter smag

Titlerne

Bring Anasazi bønnerne og vand i kog i en suppegryde. Når det koger, reducer du varmen til et simre. Tilsæt laurbærbladene og kog i cirka en time eller indtil de er bløde.

Varm imens olivenolien op i en stegepande ved middelhøj varme. Svits nu løg, peber og hvidløg i 4 minutter, indtil de er bløde.

Rør den ristede blanding i de kogte bønner. Smag til med salt og sort peber.

Fortsæt med at koge ved lav varme, under omrøring af og til, i yderligere 10 minutter, eller indtil alt er kogt. Nyd dit måltid!

Sortøjet ærtesalat (Ñebbe)

(Gør omkring 1 time | serverer 5)

Per portion: Kalorier: 471; Fedt: 17,5 g; kulhydrater: 61,5 g; Protein: 20,6 g

Ingredienserne

2 kopper tørre ærter, udblødt natten over og drænet

2 spsk hakkede basilikumblade

2 spsk hakket persilleblade

1 hakket skalotteløg

1 skåret agurk

2 peberfrugter, frøet og hakket

1 Scotch Bonnet peber, frøet og hakket

1 kop cherrytomater i kvarte

Havsalt og kværnet peber efter smag

2 spsk frisk citron

1 spiseskefuld æblecidereddike

1/4 kop ekstra jomfru olivenolie

1 avocado, skrællet, blancheret og skåret i skiver

Titlerne

Dæk sortøjede ærter med 2 tommer vand og bring det forsigtigt i kog. Lad det koge i cirka 15 minutter.

Sænk derefter varmen i cirka 45 minutter. Lad det køle helt af.

Læg ærterne i en salatskål. Tilsæt basilikum, persille, skalotteløg, agurk, peber, cherrytomater, salt og sort peber.

Bland citronsaft, eddike og olivenolie i en skål.

Krydr salaten, pynt med frisk avocado og server straks. Nyd dit måltid!

Mors berømte chili

(Tilberedes på cirka 1 time og 30 minutter | Serverer 5)

Per portion: kalorier: 455; Fedt: 10,5 g; kulhydrater: 68,6 g; Protein: 24,7 g

Ingredienserne

1 pund røde kidneybønner, udblødt natten over og drænet

3 spiseskefulde olivenolie

1 stort rødløg, skåret i skiver

2 peberfrugter, skåret i skiver

1 poblano peber, hakket

1 stor gulerod i tern

2 fed hvidløg, finthakket

2 laurbærblade

1 tsk blandet peber

Kosher salt og cayennepeber efter smag

1 tsk paprika

2 modne tomater, puré

2 spsk tomatsauce

3 kopper grøntsagssuppe

Titlerne

Hæld koldt vand over de udblødte bønner og bring det i kog. Lad det koge i cirka 10 minutter. Reducer varmen og fortsæt med at koge i 50-55 minutter eller indtil de er møre.

Varm olivenolien op i en tykbundet pande ved middel varme. Når det er varmt, steges løg, peber og gulerod.

Sauter hvidløg i cirka 30 sekunder eller indtil dufter.

Tilsæt resten af ingredienserne med de kogte bønner. Kog, under omrøring af og til, i 25-30 minutter eller indtil gennemstegt.

Kassér laurbærbladene, læg dem i separate skåle og server dem varme.

Cremet kikærtesalat med pinjekerner

(Tager cirka 10 minutter | 4 serverer)

Per portion: kalorier: 386; Fedt: 22,5 g; kulhydrater: 37,2 g; Protein: 12,9 g

Ingredienserne

16 ounce dåse kikærter, drænet

1 tsk hakket hvidløg

1 hakket skalotteløg

1 kop cherrytomater, skåret i halve

1 peberfrugt, frøet og skåret i skiver

1/4 kop hakket frisk basilikum

1/4 kop hakket frisk persille

1/2 kop vegansk mayonnaise

1 spsk citronsaft

1 tsk kapers, drænet

Havsalt og kværnet peber efter smag

2 ounce pinjekerner

Titlerne

Læg kikærter, grøntsager og krydderurter i en salatskål.

Tilsæt mayonnaise, citronsaft, kapers, salt og sort peber. Blande.

Drys med pinjekerner og server med det samme. Nyd dit måltid!

Buddha skål lavet af sorte bønner

(Tager ca. 1 time | 4 værdier)

Per portion: kalorier: 365; Fedt: 14,1 g; kulhydrater: 45,6 g; Protein: 15,5 g

Ingredienserne

1/2 pund sorte bønner, udblødt natten over og drænet

2 kopper kogte brune ris

1 mellemstor rødløg, skåret i tynde skiver

1 kop peberfrugt, frøet og skåret i skiver

1 jalapenopeber, frøet og skåret i skiver

2 fed hvidløg, finthakket

1 kop rucola

1 kop babyspinat

1 spsk citronskal

1 spsk dijonsennep

1/4 kop rødvinseddike

1/4 kop ekstra jomfru olivenolie

2 spsk agavesirup

Havsaltflager og kværnet sort peber efter smag

1/4 kop frisk italiensk persille, hakket

Titlerne

Hæld koldt vand over de udblødte bønner og bring det i kog. Lad det koge i cirka 10 minutter. Reducer varmen og fortsæt med at koge i 50-55 minutter eller indtil de er møre.

For at servere skal du dele bønner og ris mellem skåle; udover grøntsager

I en lille skål piskes citronskal, sennep, eddike, olivenolie, agavesirup, salt og peber sammen, indtil det er godt blandet. Dryp vinaigretten over salaten.

Pynt med frisk italiensk persille. Nyd dit måltid!

Mellemøstlig kikærtegryde

(Lager omkring 20 minutter | 4 portioner)

Per portion: Kalorier: 305; Fedt: 11,2 g; kulhydrater: 38,6 g; Protein: 12,7 g

Ingredienserne

1 finthakket løg

1 chili finthakket

2 fed hvidløg, finthakket

1 tsk sennepsfrø

1 spsk korianderfrø

1 laurbærblad

1/2 kop tomatpuré

2 spsk olivenolie

1 bladselleri, finthakket

2 mellemstore gulerødder skåret og finthakket

2 kopper grøntsagsbouillon

1 spsk stødt spidskommen

1 lille kanelstang

16 ounce dåse kikærter, drænet

2 kopper chard, i tern

Titlerne

Blend løg, chili, hvidløg, sennepsfrø, korianderfrø, laurbærblad og tomatpure i en blender eller foodprocessor, til det er glat.

Varm olien op i en pande. Kog nu selleri og gulerod i cirka 3 minutter eller indtil de er bløde. Tilsæt pastaen og kog i yderligere 2 minutter.

Tilsæt derefter grøntsagsfond, spidskommen, kanel og kikærter; sætte på lav varme.

Reducer varmen til lav og lad det simre i 6 minutter; Tilsæt mangold og kog i yderligere 4-5 minutter, eller indtil bladene er visnet. Server varm og nyd!

Linser og tomatsauce

(Tager omkring 10 minutter | 8 værdier)

Per portion: kalorier: 144; Fedt: 4,5 g; kulhydrater: 20,2 g; Protein: 8,1 g

Ingredienserne

16 ounce linser, kogte og drænede

4 spsk soltørrede tomater, hakkede

1 kop tomatpuré

4 spiseskefulde tahin

1 tsk stenkværnet sennep

1 spsk stødt spidskommen

1/4 tsk malede laurbærblade

1 tsk rød peberflager

Havsalt og kværnet peber efter smag

Titlerne

Blend alle ingredienser i en blender eller foodprocessor, indtil den ønskede konsistens er opnået.

Stil på køl indtil servering.

Server med ristede pita-skiver eller grøntsagsstænger. At nyde!

Cremet ærtesalat

(ca. 10 minutter + afkølingstid | 6 portioner)

Per portion: Kalorier: 154; Fedt: 6,7 g; kulhydrater: 17,3 g; Protein: 6,9 g

Ingredienserne

2 dåser (14,5 ounce) ærter, drænet

1/2 kop vegansk mayonnaise

1 tsk dijonsennep

2 spsk hakket purløg

2 hakkede pickles

1/2 kop syltede svampe, hakket og drænet

1/2 tsk hakket hvidløg

Havsalt og kværnet peber efter smag

Titlerne

Kom alle ingredienserne i en salatskål. Bland forsigtigt.

Stil salaten på køl, indtil den skal serveres.

Nyd dit måltid!

Mellemøstlig Hummus Za'atar

(Tager omkring 10 minutter | 8 værdier)

Per portion: Kalorier: 140; Fedt: 8,5 g; kulhydrater: 12,4 g; Protein: 4,6 g

Ingredienserne

10 ounce kikærter, kogt og drænet

1/4 kop tahin

2 spsk ekstra jomfru olivenolie

2 spsk soltørrede tomater, hakkede

1 friskpresset citron

2 fed hvidløg, finthakket

Kosher salt og friskkværnet sort peber efter smag

1/2 tsk røget paprika

1 tsk Za'atar

Titlerne

Blend alle ingredienser i en foodprocessor til det er cremet og glat.

Stil på køl indtil servering.

Nyd dit måltid!

Linsesalat med pinjekerner

(Ca. 20 minutter + afkølingstid | 3 portioner)

Per portion: kalorier: 332; Fedt: 19,7 g; kulhydrater: 28,2 g; Protein: 12,2 g

Ingredienserne

1/2 kop brune linser

1½ dl grøntsagsbouillon

1 gulerod, skåret i skiver

1 lille løg, hakket

1 skåret agurk

2 fed hvidløg, finthakket

3 spiseskefulde ekstra jomfru olivenolie

1 spsk rødvinseddike

2 spsk citronsaft

2 spsk hakket basilikum

2 spsk hakket persille

2 spsk hakket purløg

Havsalt og kværnet peber efter smag

2 spsk pinjekerner, hakket

Titlerne

Kom de brune linser og grøntsagsfond i en gryde og bring det i kog ved høj varme. Skru derefter ned for varmen, og fortsæt med at koge i 20 minutter eller indtil de er møre.

Læg linserne i en salatskål.

Tilsæt grøntsagerne og bland godt. I en skål blandes olivenolie, eddike, citronsaft, basilikum, persille, purløg, salt og peber.

Krydr salaten, pynt med pinjekerner og server ved stuetemperatur. Nyd dit måltid!

Varm Anasazi bønnesalat

(Gør omkring 1 time | serverer 5)

Per portion: kalorier: 482; Fedt: 23,1 g; kulhydrater: 54,2 g; Protein: 17,2 g

Ingredienserne

Læg 2 kopper Anasazi bønner i blød natten over, dræn og skyl

6 glas vand

1 poblano peber, hakket

1 finthakket løg

1 kop cherrytomater, skåret i halve

2 kopper blandet salat, skåret i stykker

Band:

1 tsk hakket hvidløg

1/2 kop ekstra jomfru olivenolie

1 spsk citronsaft

2 spsk rødvinseddike

1 spsk stenkværnet sennep

1 spsk sojasovs

1/2 tsk tørret oregano

1/2 tsk tørret basilikum

Havsalt og kværnet peber efter smag

Titlerne

Bring Anasazi bønnerne og vand i kog i en gryde. Når det koger, reducer du varmen til et simre og kog i cirka en time, eller indtil det er mørt.

Dræn de kogte bønner og læg dem i en salatskål; tilsæt de øvrige salatingredienser.

Bland derefter alle ingredienserne til saucen i en lille skål, indtil den er godt blandet. Anret salaten og bland. Server ved stuetemperatur og nyd!

Traditionel Mnazaleh-gryde

(Lager omkring 25 minutter | 4 portioner)

Per portion: kalorier: 439; Fedt: 24g; kulhydrater: 44,9 g; Protein: 13,5 g

Ingredienserne

4 spiseskefulde olivenolie

1 finthakket løg

1 stor aubergine, skrællet og skåret i tern

1 kop hakket gulerod

2 fed hvidløg, finthakket

2 store tomater, hakkede

1 tsk krydderier

2 kopper grøntsagsbouillon

14 ounce dåse kikærter, drænet

Kosher salt og friskkværnet sort peber efter smag

1 mellemstor avocado, udstenet, skrællet og skåret i skiver

Titlerne

Varm olivenolien op i en tykbundet pande ved middel varme. Når det koger, steges løg, aubergine og gulerod i 4 minutter.

Steg hvidløget i cirka 1 minut, eller indtil det dufter.

Tilsæt tomater, baharat-krydderier, bouillon og dåsekikærter. Lad koge under omrøring af og til i cirka 20 minutter eller indtil kogt.

Smag til med salt og peber. Serveres pyntet med friske avocadoskiver. Nyd dit måltid!

Rød linsepebercreme

(serverer ca. 25 minutter | 9 portioner)

Per portion: kalorier: 193; Fedt: 8,5 g; kulhydrater: 22,3 g; Protein: 8,5 g

Ingredienserne

1 ½ dl røde linser, udblødt natten over og drænet

4 en halv kop vand

1 kvist rosmarin

2 laurbærblade

2 ristede peberfrugter, frøet og hakket

1 hakket skalotteløg

2 fed hvidløg, finthakket

1/4 kop olivenolie

2 spiseskefulde tahin

Havsalt og kværnet peber efter smag

Titlerne

Kom de røde linser, vand, rosmarin og laurbærblad i en gryde og bring det i kog ved høj varme. Skru derefter ned for varmen, og fortsæt med at koge i 20 minutter eller indtil de er møre.

Læg linserne i en foodprocessor.

Tilsæt resten af ingredienserne og kør indtil det hele er godt blandet.

Nyd dit måltid!

Wok-stegte krydrede sneærter

(Tager cirka 10 minutter | 4 serverer)

Per portion: Kalorier: 196; Fedt: 8,7 g; kulhydrater: 23 g; Protein: 7,3 g

Ingredienserne

2 spsk sesamolie

1 finthakket løg

1 gulerod, skåret og finthakket

1 spiseskefuld ingefær-hvidløgspasta

1 pund ærter

Szechuan peber efter smag

1 spsk Sriracha sauce

2 skeer sojasovs

1 spsk riseddike

Titlerne

Varm sesamolien op i en wok til den er gylden. Svits nu løg og gulerod i 2 minutter eller indtil de er sprøde og bløde.

Tilsæt ingefær-hvidløgspastaen og kog i yderligere 30 sekunder.

Tilsæt ærterne og sauter ved høj varme, indtil de er let brune, cirka 3 minutter.

Tilsæt derefter peberfrugt, Sriracha, sojasovs og riseddike og steg i endnu et minut. Server straks og nyd!

hurtig chili hver dag

(Tilberedes på cirka 35 minutter | 5 portioner)

Per portion: kalorier: 345; Fedt: 8,7 g; kulhydrater: 54,5 g; Protein: 15,2 g

Ingredienserne

2 spsk olivenolie

1 stort løg finthakket

1 selleri, trimmet og hakket med blade

1 gulerod i tern

1 sød kartoffel, skrællet og skåret i tern

3 fed hvidløg, hakket

1 jalapeñopeber, hakket

1 tsk cayennepeber

1 spsk korianderfrø

1 spsk fennikelfrø

1 tsk paprika

2 kopper kogte tomater, knuste

2 spsk tomatsauce

2 spsk vegansk bouillongranulat

1 glas vand

1 kop løgcreme

2 pund dåse pinto bønner, drænet

1 skive citron

Titlerne

Varm olivenolien op i en tykbundet pande ved middel varme. Når det koger, sauter du løg, selleri, gulerod og sød kartoffel i 4 minutter.

Svits hvidløg og jalapeñopeber i cirka 1 minut.

Tilsæt krydderier, tomater, tomatsauce, granuleret vegansk bouillon, vand, løg og dåsebønner. Lad koge under omrøring af og til i cirka 30 minutter eller indtil kogt.

Server pyntet med citronbåde. Nyd dit måltid!

Cremet sort-øjet bønnesalat

(Gør omkring 1 time | serverer 5)

Per portion: kalorier: 325; Fedt: 8,6 g; kulhydrater: 48,2 g; Protein: 17,2 g

Ingredienserne

1 ½ kop sortøjede ærter, udblødt natten over og drænet

4 purløg, skåret i skiver

1 revet gulerod

1 kop grønkål, hakket

2 peberfrugter, frøet og hakket

2 mellemstore tomater, skåret i skiver

1 spsk soltørrede tomater, hakkede

1 tsk hakket hvidløg

1/2 kop vegansk mayonnaise

1 spsk citronsaft

1/4 kop hvidvinseddike

Havsalt og kværnet peber efter smag

Titlerne

Dæk sortøjede ærter med 2 tommer vand og bring det forsigtigt i kog. Lad det koge i cirka 15 minutter.

Sænk derefter varmen i cirka 45 minutter. Lad det køle helt af.

Læg ærterne i en salatskål. Tilsæt resten af ingredienserne og bland godt. Nyd dit måltid!

Avocado fyldt med kikærter

(Tager cirka 10 minutter | 4 serverer)

Per portion: Kalorier: 205; Fedt: 15,2g; kulhydrater: 16,8 g; Protein: 4,1 g

Ingredienserne

2 avocadoer, skåret i tynde skiver og halveret

1/2 friskpresset citron

4 spsk hakket purløg

1 hakket hvidløg

1 mellemstor tomat, hakket

1 peberfrugt, frøet og hakket

1 rød peberfrugt, frøet og hakket

2 ounce kikærter, kogte eller kogte, drænet

Kosher salt og friskkværnet sort peber efter smag

Titlerne

Læg avocadoen på en tallerken. Dryp citronsaft over hver avocado.

Bland forsigtigt resten af ingredienserne i en skål, indtil de er godt blandet.

Fyld avocadoerne med den tilberedte blanding og server straks. Nyd dit måltid!

sorte bønnesuppe

(Tilberedes på cirka 1 time og 50 minutter | Serverer 4)

Per portion: Kalorier: 505; Fedt: 11,6 g; kulhydrater: 80,3 g; Protein: 23,2 g

Ingredienserne

2 sorte glas, læg i blød natten over og afdryp

1 kvist timian

2 spsk kokosolie

2 finthakkede løg

1 selleri stilk, hakket

1 gulerod, skrællet og hakket

1 italiensk peber, frøet og hakket

1 peberfrugt, frøet og hakket

4 fed hvidløg, presset eller hakket

Havsalt og friskkværnet sort peber efter smag

1/2 tsk stødt spidskommen

1/4 tsk malede laurbærblade

1/4 tsk stødt peber

1/2 tsk tørret basilikum

4 kopper grøntsagsbouillon

1/4 kop frisk koriander, hakket

2 ounce tortillachips

Titlerne

Kog bønnerne og 6 kopper vand i en gryde. Når det koger, reducer du varmen til et simre. Tilsæt timiankvistene og kog i cirka 1 time og 30 minutter eller indtil de er bløde.

Varm imens olien op i en tykbundet gryde ved middelhøj varme. Svits nu løg, selleri, gulerod og peber i 4 minutter, indtil de er bløde.

Sauter derefter hvidløget i cirka 1 minut eller indtil dufter.

Rør den ristede blanding i de kogte bønner. Tilsæt derefter salt, peber, spidskommen, laurbærblad, allehånde, tørret basilikum og grøntsagsfond.

Fortsæt med at koge ved lav varme, under omrøring af og til, i yderligere 15 minutter, eller indtil alt er kogt.

Pynt med koriander og friske tortillas. Nyd dit måltid!

Beluga linsesalat med krydderurter

(Tilberedning på ca. 20 minutter + afkølingstid | 4 portioner)

Per portion: kalorier: 364; Fedt: 17g; kulhydrater: 40,2 g; Protein: 13,3 g

Ingredienserne

1 kop røde linser

3 kopper vand

1 kop druetomater, skåret i halve

1 grøn peberfrugt, frøet og hakket

1 rød peberfrugt, frøet og hakket

1 rød peberfrugt, frøet og hakket

1 skåret agurk

4 spsk hakkede skalotteløg

2 spsk hakket frisk persille

2 spsk frisk koriander, hakket

2 spsk frisk purløg, hakket

2 spsk frisk basilikum, hakket

1/4 kop olivenolie

1/2 tsk spidskommen frø

1/2 tsk malet ingefær

1/2 tsk hakket hvidløg

1 tsk agavesirup

2 spsk frisk citron

1 tsk citronskal

Havsalt og kværnet peber efter smag

2 ounce sorte oliven, udstenede, halveret

Titlerne

Kom de brune linser og vand i en gryde og bring det i kog ved høj varme. Fjern derefter fra varmen og kog i yderligere 20 minutter eller indtil de er møre.

Læg linserne i en salatskål.

Tilsæt grøntsagerne og krydderurterne og bland godt. I en skål piskes olie, spidskommen, ingefær, hvidløg, agavesirup, citronsaft, citronskal, salt og sort peber.

Krydr salaten, pynt med oliven og server ved stuetemperatur. Nyd dit måltid!

Italiensk bønnesalat

(Ca. 1 time + afkølingstid | Serverer 4)

Per portion: Kalorier: 495; Fedt: 21,1 g; kulhydrater: 58,4 g; Protein: 22,1 g

Ingredienserne

3/4 pund cannellini bønner, udblødt natten over og drænet

2 kopper blomkålsbuketter

1 rødløg, finthakket

1 tsk hakket hvidløg

1/2 tsk malet ingefær

1 jalapeñopeber, hakket

1 kop druetomater i kvarte

1/3 kop ekstra jomfru olivenolie

1 spsk citronsaft

1 tsk dijonsennep

1/4 kop hvid eddike

2 fed hvidløg, presset

1 tsk italiensk urteblanding

Kosher salt og kværnet sort peber, til at krydre

2 ounce grønne oliven, blege, skåret i skiver

Titlerne

Hæld koldt vand over de udblødte bønner og bring det i kog. Lad det koge i cirka 10 minutter. Reducer varmen til lav og lad det simre i 60 minutter eller indtil de er møre.

I mellemtiden koger du blomkålsbuketterne i cirka 6 minutter eller indtil de er møre.

Lad bønner og blomkål køle helt af; overfør derefter til en salatskål.

Tilsæt resten af ingredienserne og bland godt. Smag til og juster krydderier.

Nyd dit måltid!

Tomat fyldt med hvide bønner

(Lager omkring 10 minutter | 3 portioner)

Per portion: kalorier: 245; Fedt: 14,9 g; kulhydrater: 24,4 g; Protein: 5,1 g

Ingredienserne

3 mellemstore tomater, skær en tynd skive ovenpå og fjern frugtkødet

1 revet gulerod

1 finthakket rødløg

Pil 1 fed hvidløg

1/2 tsk tørret basilikum

1/2 tsk tørret oregano

1 spsk tørret rosmarin

3 spiseskefulde olivenolie

3 ounce dåse navy bønner, drænet

3 ounces søde majskerner, optøet

1/2 kop tortillachips, smuldret

Titlerne

Kom tomaterne på en tallerken.

I en skål blandes resten af ingredienserne godt.

Fyld avocadoen og server med det samme. Nyd dit måltid!

Vinter sortøjet ærtesuppe

(Tilberedes på cirka 1 time og 5 minutter | Serverer 5)

Per portion: kalorier: 147; Fedt: 6g; kulhydrater: 13,5 g; Protein: 7,5 g

Ingredienserne

- 2 spsk olivenolie
- 1 finthakket løg
- 1 finthakket gulerod
- 1 peberfrugt, hakket
- 1 kop fennikel, hakket
- 2 fed hvidløg, finthakket
- 2 kopper tørrede sorte ærter, udblødt natten over
- 5 kopper grøntsagssuppe
- Kosher salt og friskkværnet sort peber til krydderier

Titlerne

Varm olivenolien op i en stegepande ved middelhøj varme. Når det er varmt, sauter du løg, gulerod, pastinak og fennikel i 3 minutter eller indtil de er bløde.

Tilsæt hvidløg og svits i yderligere 30 sekunder, indtil det dufter.

Tilsæt ærter, grøntsagsfond, salt og peber. Fortsæt med at koge, delvist tildækket, i endnu en time eller indtil kogt.

Nyd dit måltid!

röde bønner

(Lager omkring 15 minutter | 4 portioner)

Per portion: kalorier: 318; Fedt: 15,1 g; kulhydrater: 36,5 g; Protein: 10,9 g

Ingredienserne

12 ounce dåse eller kogte kidneybønner, drænet

1/3 kop gammeldags havre

1/4 kop hvedemel

1 tsk bagepulver

1 lille skalotteløg, hakket

2 fed hvidløg, finthakket

Havsalt og kværnet peber efter smag

1 tsk paprika

1/2 tsk chilipulver

1/2 tsk malede laurbærblade

1/2 tsk stødt spidskommen

1 chiaæg

4 spiseskefulde olivenolie

Titlerne

Læg bønnerne i en skål og mos dem med en gaffel.

Bland godt bønner, havre, mel, gær, skalotteløg, hvidløg, salt, sort peber, paprika, peber, laurbærblad, spidskommen og chiafrø.

Form fire burgere med blandingen.

Varm derefter olivenolien op i en pande ved middel varme. Bag sconesene i 8 minutter, vend en eller to gange.

Server med dine yndlings toppings. Nyd dit måltid!

Hjemmelavet ærteburger

(Lager omkring 15 minutter | 4 portioner)

Per portion: kalorier: 467; Fedt: 19,1 g; kulhydrater: 58,5 g; Protein: 15,8 g

Ingredienserne

1 pund ærter, frosne og optøede

1/2 kop kikærtemel

1/2 kop almindeligt mel

1/2 kop brødkrummer

1 tsk bagepulver

2 høræg

1 tsk paprika

1/2 tsk tørret basilikum

1/2 tsk tørret oregano

Havsalt og kværnet peber efter smag

4 spiseskefulde olivenolie

4 hamburgerboller

Titlerne

Bland godt ærter, mel, rasp, gær, høræg, paprika, basilikum, oregano, salt og sort peber i en skål.

Form fire burgere med blandingen.

Varm derefter olivenolien op i en pande ved middel varme. Bag sconesene i 8 minutter, vend en eller to gange.

Server på en hamburgerbolle og nyd!

Bagte sorte bønner og spinat

(Tilberedes på cirka 1 time og 35 minutter | Serverer 4)

Per portion: Kalorier: 459; Fedt: 9,1 g; kulhydrater: 72 g; Protein: 25,4 g

Ingredienserne

2 sorte glas, læg i blød natten over og afdryp

2 spsk olivenolie

1 løg, pillet og skåret i halve

1 jalapeñopeber, skåret i skiver

2 peberfrugter, udsået og skåret i skiver

1 kop champignon, skåret i skiver

2 fed hvidløg, finthakket

2 kopper grøntsagsbouillon

1 tsk paprika

Kosher salt og friskkværnet sort peber efter smag

1 laurbærblad

2 kopper spinat, skåret i tern

Titlerne

Hæld koldt vand over de udblødte bønner og bring det i kog. Lad det koge i cirka 10 minutter. Reducer varmen og fortsæt med at koge i 50-55 minutter eller indtil de er møre.

Varm olivenolien op i en tykbundet pande ved middel varme. Når det koger, sauter du løg og peber i cirka 3 minutter.

Svits hvidløg og svampe i cirka 3 minutter, eller indtil svampene har frigivet deres væske og hvidløget dufter.

Tilsæt grøntsagsbouillon, paprika, salt, sort peber, laurbærblade og kogte bønner. Lad det simre, under omrøring af og til, i cirka 25 minutter eller indtil kogt.

Tilsæt derefter spinaten og kog tildækket i 5 minutter. Nyd dit måltid!

hvidløg og koriander sauce

(Lager omkring 10 minutter | 6 portioner)

Per portion: kalorier: 181; Fedt: 18,2 g; kulhydrater: 4,8 g; Protein: 3 g

Ingredienserne

1/2 kop mandler

1/2 kop vand

1 bundt koriander

1 finthakket rød chili

2 fed hvidløg, hakket

2 spsk frisk citron

1 spsk citronskal

Havsalt og kværnet sort peber

5 spiseskefulde ekstra jomfru olivenolie

Titlerne

Kom mandler og vand i en blender og blend til cremet og glat.

Tilsæt koriander, peber, hvidløg, limesaft, citronskal, salt og sort peber; blink, indtil alt står korrekt.

Tilsæt derefter olivenolien gradvist og bland til en jævn masse. Opbevares i køleskabet i op til 5 dage.

Nyd dit måltid!

klassisk ranchdressing

(Tager omkring 10 minutter | 8 værdier)

Per portion: kalorier: 191; Fedt: 20,2g; kulhydrater: 0,8 g; Protein: 0,5 g

Ingredienserne

1 kop vegansk mayonnaise

1/4 usødet mandelmælk

1 tsk sherryeddike

1/2 tsk kosher salt

1/4 tsk sort peber

2 fed hvidløg, finthakket

1/2 tsk tørret purløg

1/2 tsk tørret dild

1 spsk tørret persille

1/2 tsk løgpulver

1/3 tsk paprika

Titlerne

Bland alle ingredienserne godt sammen i en skål med en røremaskine.

Dæk til og stil på køl indtil servering.

Nyd dit måltid!

Tahini koriander sauce

(Lager omkring 10 minutter | 6 portioner)

Per portion: Kalorier: 91; Fedt: 7,5 g; kulhydrater: 4,5 g; Protein: 2,9 g

Ingredienserne

1/4 kop cashewnødder, udblødt natten over og drænet

1/4 kop vand

4 spiseskefulde tahin

1/4 kop friske korianderblade, hakket

1 hakket hvidløg

Kosher salt og cayennepeber efter smag

Titlerne

Blend cashewnødder og vand i en blender til cremet og glat.

Tilsæt resten af ingredienserne og fortsæt med at blande, indtil det er godt blandet.

Opbevares i køleskabet i op til en uge. Nyd dit måltid!

citron og kokossauce

(Tager cirka 10 minutter | serverer 7)

Per portion: Kalorier: 87; Fedt: 8,8 g; kulhydrater: 2,6 g; Protein: 0,8 g

Ingredienserne

1 tsk kokosolie

1 stort fed hvidløg, hakket

1 tsk hakket frisk ingefær

1 kop kokosmælk

1 lime, friskpresset og revet

En knivspids Himalayasalt

Titlerne

Smelt kokosolien i en lille gryde ved middel varme. Når det er varmt, koges hvidløg og ingefær i cirka 1 minut eller indtil dufter.

Bring ilden i kog og tilsæt kokosmælk, citronsaft, citronskal og salt; fortsæt med at lave mad i 1 minut eller indtil den er gennemvarmet.

Nyd dit måltid!

hjemmelavet guacamole

(Tager cirka 10 minutter | serverer 7)

Per portion: kalorier: 107; Fedt: 8,6 g; kulhydrater: 7,9 g; Protein: 1,6 g

Ingredienserne

2 avocadoer, pillede og skrællede

1 citronsaft

Havsalt og kværnet peber efter smag

1 lille løg, skåret i skiver

2 spsk hakket frisk koriander

1 stor tomat, skåret i skiver

Titlerne

Mos avocadoen med de øvrige ingredienser i en skål.

Stil guacamoleen på køl indtil den skal serveres. Nyd dit måltid!

www.ingramcontent.com/pod-product-compliance
Lightning Source LLC
Chambersburg PA
CBHW071856110526
44591CB00011B/1432